生産性革命

「競争力」×「稼ぐ力」を強くする

日本企業が「グローバル」「ローカル」で勝つために大切なこと

経営共創基盤 監修

冨山和彦
木村尚敬
沼田俊介
浜村伸二 著

生産性出版

はじめに

「生産性」という言葉が人々の間で語られるようになってから、もう5年近くの月日が経とうとしている。日本の生産年齢人口は、１９９７年を境に減少に転じているが、失われた20年と言われたバブル崩壊以降は、国内需要の減少の中で生産性改善というのは、あまり声高には叫ばれてこなかった。

業務を効率化すると雇用の減少につながるため、経営者にとっては都合がいいが、労働者にとってはあまり都合のよくない話として受け止められてきた歴史があるからだ。しかし、団塊の世代の引退が本格化する２０１０年ごろを境に、多くの企業、とりわけローカル経済を中心としたサービス産業において「人手不足」が顕在化するようになってきた。

もはや労働力の供給を質・量の双方の観点から増やしていくことは現実的に厳しく、需要に見合った供給を提供し続けていくうえでは、生産効率を上げていくことが、多くの産業において急務である。

本書を読み進めるうえでは、生産性という観点からみた世界の中での日本の競争力をいま一度、共有しておくことが必要だ。日本生産性本部が取りまとめた「労働生産性の国際比較　2018」によれば、2017年時点での日本の就業者1人あたりの労働生産性は、OECD加盟36カ国中21位、主要先進7カ国で最も低い水準となっている。

アメリカと比較すると約3分の2に留まっている。これらの数字を見ても、日本はまだ生産性を上げる余地が多数存在しているはずだし、上げなければならない状況にあるのは論をまたない。

労働力の供給超過状態から需要超過に転じたいま、製品・サービスの品質を上げてより多くの付加価値を取り込むことは、結果としてより多くの人材を確保して成長機会を提供することになる。

一人ひとりの労働者が、より高い賃金を得て豊かな暮らしを行いながら社会全体の持続的成長へ貢献していくために、生産性を飛躍的に高めることは、日本企業にとっての最重要の命題と言ってもいいのではないだろうか。

本書では、生産性を具体的にどうやって高めていくかの処方箋について、製造業・非製造業に分けて詳述しているが、本題に入る前に概論として、生産性を高めるうえで念頭に置くべきキーワードを紹介したい。

「デジタリゼーション」「見える化」「適応性（Adaptability）」の三つである。

・デジタリゼーション

生産性を高めていくうえで、ＩＴを上手に活用していくことは当たり前になってきているが、デジタリゼーションとは最近のＡＩをはじめとする破壊的なイノベーションの進展を自社にいかに取り込んでいくか、という点だ。

これらの技術を活用しながら、業務効率化などのプロセスイノベーション（コスト削減に寄与）に取り組む企業は多数あるが、製品・サービスの付加価値を上げるプロダクトイノベーション（付加価値増大に寄与）や、その先の新たなる事業創造を行うビジネスモデルイノベーション（企業価値増大に寄与）まで展開している企業は、まだまだ少数であると言えよう。

結局は新たなデジタルイノベーションを活用して何をしたいのか、そのアジェンダ設定こそが経営の仕事であり、どの軸から生産性を高めていくか、大きな論点となりうる。

・見える化

本書で何度も出てくるキーワードが、この「見える化」だ。企業活動が大きくなるにつれ複雑さはどんどん増していき、製品やサービスごとのコストといった当り前の数字が見えなくなくなり、何が儲かって何がそうでないのかの判断がつかない。

結果としてドンブリ勘定の経営にならざるを得ないという企業が非常に多いというのが、私の体感値だ。特に事業活動の長い製造業においては、単に製品の売りと原価だけでなく、そのライフサイクル全体で事業活動を見える化し、経営判断をしていかなければならない。

また、そもそも顧客が何を求めているのか（提供される機能や価格、品質など）自体も、可能な限り見える化しないと、単なるプロダクトアウトの思想に陥ってしまう。こうした事業活動全体を正しく見える化してこそ、生産性を改善する余地がどこにあるのかの的確な診断ができるわけである。

・適応性（Adaptability）

実は破壊的なイノベーションを起こそうとすればするほど、組織のあり方、その中での働き方や求められるスキルや能力などもドラスティックに変わり、働く人々に大きく影響を与える。

「改革の真の敵は、社内の抵抗勢力」というのも使い古された言葉ではあるが、いまだ改革を阻む大きな壁となっている。さらにその先には企業内だけでなく、他社や業界といったこれまで当り前であった垣根さえ、その形を変えていくのが破壊的イノベーションだ。

こうしたイノベーションを主体的に起こし、小手先の改善でなく本質的な意味で生産性を飛躍的に高めていくうえでは、経営のかじ取りを行うリーダーだけでなく、受け手として働く人々のマインドセットの変革も併せ持って、重要な要素となってくる。

これまでのような既存の延長線上を進むのでなく、あえて不確実性を受け入れ、積極的に新しいものにチャレンジしていく人々の適応性こそ、真の意味での生産性向上には不可欠である。


長期的に持続可能な社会を実現するうえでは、従業員・顧客・株主や社会といったマルチステークホルダーへの貢献を念頭に置いた経営を行っていくことがますます重要であり、上記のようなキーワードを念頭に、短期的な収益の追求だけでなく、長期的視点を持った生産性改革を軸とした企業活動が必須である。

本書は、経営共創基盤が長年にわたり、多くの産業での企業支援を行ってきたなかから見てきた事業活動のリアリティ、そして改革のエッセンスがふんだんに織り込まれている。

企業改革に留まらず、長期的に持続可能な社会全体の好循環を生み出すうえでの一助になれば、筆者一同望外の喜びである。

令和元年5月吉日

木村尚敬

「競争力×稼ぐ力」を強くする生産性革命　もくじ

Chapter 1 国内産業の「価値を最大化」する

取り組むべきことの全体像を描く

Chapter2 ［製造業編］

「設計・調達・生産工程」の連携力を高め、世界戦で勝つ

競争力のある製品は、いかにして生まれるのか

「バリューチェーン」と「ものづくり」

工場改革

Chapter3 ［非製造業］

「生産性向上」に抜け道なし

「王道」の取り組みを行い、地方で勝ち抜く

Chapter4

生産性を上げるために日本がすべきこと

目の前のチャンスを味方につけよう

Chapter 1

国内産業の「価値を最大化」する

取り組むべきことの全体像を描く

生産性とは何か？

「長時間労働のわりに日本の生産性は低い」――そんな議論が頻繁に行われている。そして、その向上を目指すことが企業には必要であり、生産性を上げることが重要な課題としてよく取り上げられる。

では、そもそも「生産性」とは何だろうか。

ひと言でいえば、産出された成果物（アウトプット）と投入された資源（インプット）との比率で表すことができる。式にすると、図表1－1のようになる。

「インプットとアウトプットの比率」とは、どういうことか。

あなた自身が企業の経営者になったつもりで考えてもらいたい。

たとえば、事業を強化しようと決め、新商品を製造（アウトプット）しようと工場をつくり、設備を導入し、人を雇い入れた（イ

図表1−1　生産性とは？

$$\text{生産性} = \frac{\text{産出（アウトプット）}}{\text{投入（インプット）}}$$

ンプット）としよう。その甲斐あって商品に付加価値（生産によって生み出された価値）が生まれ、評判もよく、売れ行きがよければ生産性は高くなる。一方、設備を導入し、人を投入したものの商品がつくれなかったり、コストがかかれば生産性は低くなる。

再度、図表1－1を見てもらいたいのだが、分母のインプットが分子のアウトプットに対して数字が小さければ小さいほど、あるいは分子が分母に対して数字が大きければ大きいほど生産性が高くなることがわかる。つまり、図表1－2の式が成り立つ。

生産性を上げるには、お金や労力を何にインプットし、その結果、何をアウトプットするのか、そこをシビアに考えて活動をしていくことが必要になる。

これ以外にも「産出」の「製品のロス」を少なくすれば、生産性を上げることもできる。

では、どういうケースがあるのか。

自動車をつくるのに同じ金額、同じ人員を投入した工場Aと工

図表1－2　投入と算出の関係

産出（アウトプット）　↑
―――――――――――
投入（インプット）　↓

場Bがあったとする。工場Aは不良品が少なく、完成度が高い（分子が大きい）。結果、1台あたりのコストも工場Bに比べて低くなり（分母が小さい）、工場Aのほうが生産性は高くなる。製造プロセスの中でロス率を下げ、コストを抑えることで生産性が上がるわけだ。

ここまで「生産性とは何か」「どうすれば生産性を上げられるのか」、その原理を整理してきたが、実務では数値の動きなどをきちんと見ていく必要がある。多少、入り組んでいるので専門的にはなるが、ここで説明を加えておくことにしたい。

まず、インプットについてだが、主に①「金融資本（投下したお金の総額）」と②「労働資本（知識労働・作業労働を含む労働投入量）」の二つがある。①の金融資産に着目したものが、「資本生産性」と呼ばれているものだ。投下した資本が生み出す付加価値額をみる指標として使われる。通常は固定資産（生産設備など）や運転資金など、事業運営に必要な投資額と付加価値創出額の割合をみる。

資本生産性を上げるには、設備の利用度や労働能率を上げるほか、原材料費削減、外注加工費の効率化、高付加価値商品の開発などによって付加価値そのものを上げる、といった方策が考えられる。「投下資本利益率」「株主資本利益率」などの指標で表されることが多い（Chapter2で詳述）。

　また、労働者一人当たりの付加価値を表したものが、②の「労働生産性」である。アウトプットは付加価値（売上高や利益、ＧＤＰなどで表される）、インプットは労働投入量（労働時間×時間単価）となり、世の中に受け入れられる高付加価値の製品やサービスを提供できる（≒分子の増加）。もしくは労働者のスキルが向上したり、仕組みの改善をすることで処理スピードが上がる（≒分母の減少）と、労働生産性が順調に向上する。

付加価値を上げるのか？労働時間を下げるのか？

　実際、日本の一人当たり労働生産性は各種統計データによると、アメリカとの比較で製造業が約7割、サービス業がおおむね5割程度であり、残念ながら一人当たりの名目ＧＤＰは20位以下となっている。

図表1−3　付加価値額を見る指数

$$\text{労働生産性} = \frac{\text{付加価値}}{\text{労働投入量}} = \frac{\text{付加価値}}{\text{時間単価} \times \text{労働時間}}$$

図表1－4左は日本、アメリカ、フランス、ドイツ、イギリスの年間労働時間を比較したものであるが、アメリカに次いで、日本が相対的に多いことがわかる。しかし、図表1－4右の一人当たりの労働生産性についてだが、日本は他国に比べて圧倒的に低く、主要先進国の中でも最低レベルである。これは何を意味するのだろうか。

同じ先進国として提供する製品やサービスの質がほぼ同じだとすれば、日本の労働者はインプットがやたらと多いのではないか。長時間働いている（かつ、過剰インプットを防止するために低賃金というケースが大半）という事実はあるが、それにもかかわらず成果を出せていないという仮説が立てられる。

1990年以降、日本は失われた20年、30年を歩んできたと言われるなかで、アメリカの背中は遠くなり、気がつけば中国のGDPは日本の2倍以上になった。かつては日米あわせて世界に占めるGDPが40%を超えた時期もあったことを考えると隔世を禁じ得ない。しかし、そのような事態を招いた要因の一つは「生産性」の低さにある。

では、労働生産性を高めるにはどうすればいいのかと言えば、

①　付加価値を上昇させる

② 労働時間と単価を下げる

「製品やサービスを高く売るか」「コストを抑えるか」という話となる。たとえば、コストに占める人件費の割合が高い外食業界や介護業界などで、労働生産性を上げようと考えると、どうなるか。

独自のサービスを展開することで「付加価値」を上げるという選択肢がある。しかし、付加価値を上げるというのは、平たく言うと「値上げ」するということになるので、提供する製品やサービスの差別化がむずかしい、いわゆるコモディティ群においては、顧客離れのリスクがあるので、短期的にすぐ値上げをするというのは、非常に

図表1－4　議論の前提は「相対的に低い日本の生産性」

日本は労働時間は長いが、労働生産性は主要先進国で最低レベル

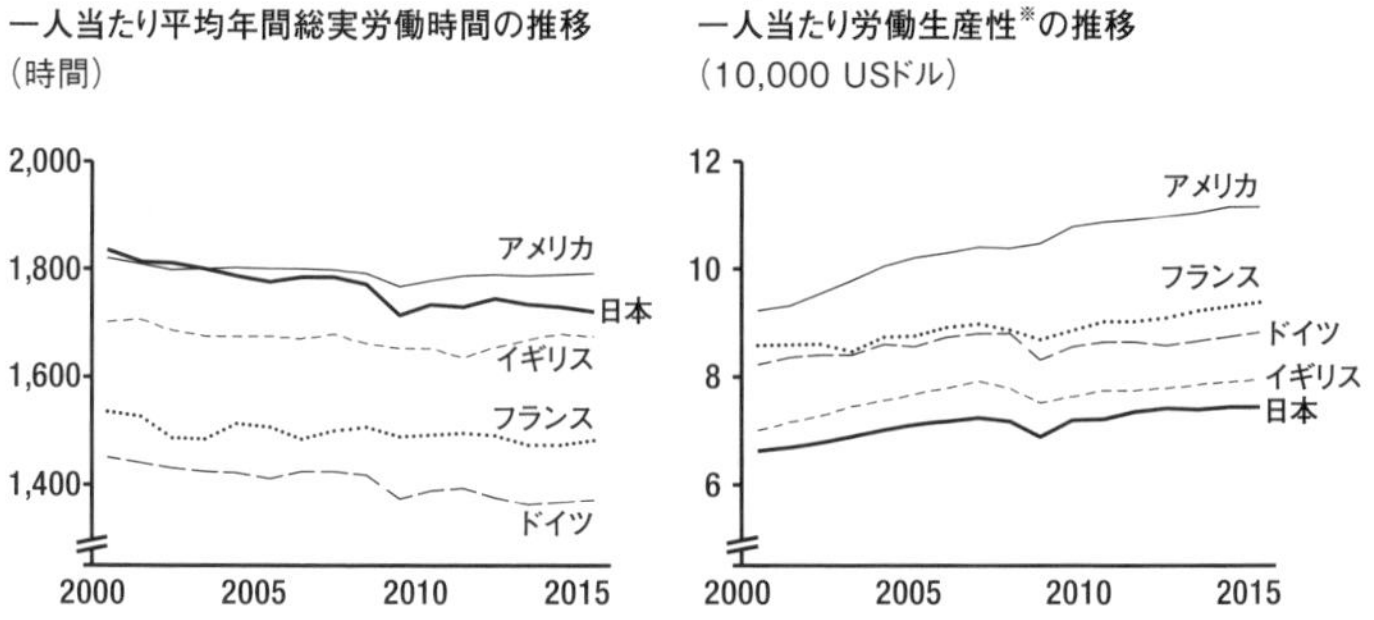

※労働生産性＝GDP÷就業者数（年ごとの購買力平価で換算）
出所：OECD Database "Average annual hours actually worked per worker" (2016)/ ILO Labour productivity

むずかしい判断になる。そのためどちらかと言うと、コントロールしやすい計算式の分母にあたる人件費の部分に手を入れると、インセンティブが働きやすいわけだ。

外食産業で長年にわたり存在する価格低下圧力（より安く料理やサービスを提供する方向性）により事業を成り立たせようとすると、分母の付加価値を断念（削る）するしかない。また、介護や医療などの領域での売上を見ると、国や地方自治体が定めた保険などの縛りがあり、低位安定で推移している。こちらも分母の付加価値づけを断念することが生き残る簡便な方策となる。

つまり、市場参入したときは、高付加価値があった商品の市場価値が時間の経過とともに「コモディティ化」する側面がある。高付加価値のサービスを提供しがたい産業は、人件費を削るためにサービス残業を強いる。あるいは、ワンオペレーションが常態化したり、低賃金が横行したりと、いわゆるブラック企業化してしまうような事業構造をはらんでいる。

この状況から脱出するには、グローバル企業、ローカル企業、それ以外の業種の区別なく安易な方策に走らずに、自社の提供する製品・サービスの「付加価値」を上昇させるか、技術革新によって労働効率を上げて労働時間を減らすしかない。さらに生産労働人口の減少が顕著なこれから先を見据えて、長期的な成長を目指すうえでは、特に労働集約的な産業は人材を惹きつけ、人件費を上昇させていく収益性を保ち続けなければならない。

つまり、付加価値低下を労働投入量で対応しようとするデフレ経営から、労働時間は下げながら単価は上げるのと同時に、付加価値も上げて生産性全体を向上させるインフレ経営にシフトしていくことが求められている。

生産性向上に必要な「グローバル」と「ローカル」の視点

付加価値を上げて生産性を高めるには、具体的にどうすればいいのか。本書では、Chapter2で「製造業の生産性」、Chapter3で「非製造業（サービス業・卸売業）の生産性」について扱うが、それぞれの特徴をここで説明しておきたい。

まず、「製造業」の多くは、世界的な規模でものごとを考える必要性がある「グローバルに展開する産業群」に位置づけられる。自動車、電機、機械、医療機器、製薬などがその代表例である。

一方の非製造業の主な業種は、飲食、小売、宿泊、交通、物流、ヘルスケアなどで、私たちの生活に密着したサービス業が中心となっている。

違いはそれだけではない。製造業はマーケットが大きいグローバル（Global／以下、Gと表記）の世界で展開しやすいため「規模の経済」が効きやすい。製品の生産量を増やすことによってコストが下がり、収益性を上げることができる市場ということだ。ここで注意してほしいのは、「規模の経済」は厳密に以下の要件が成立していることを言う。

すなわち、売上の増大や顧客・品数が増えても、それに連動する原材料費のように個々の製品に紐づく固有コストではない、事業全体で負っている共有コスト（たとえば、生産設備のコスト）が、全体の事業コスト構成比のなかで相応の割合を占めている。具体的には自動車や機械などがそうであるが、売上が拡大（＝規模の拡大）することで、個々の製品が負担する共有コストの割合がどんどん薄まっていくことだ（＝設備の稼働率が高まって、1製品あたりの設備負担コストが下がっていくこと）。

同じ製造業であっても、個々の原材料費などの固有コストはかなりの割合を占める、しかも製造の付加価値があまり高くない（＝共有コストが厚くない）業種（たとえば、一部の汎用的な電子部品など）は、生産を単純に増やしても事業全体の規模として働く要素は限定的で、むしろ管理コストの増加などによる収益性の低減作用、いわゆる「規模の不経済」が働いてしまうケースもある（図表1－5「規模型事業と分散型事業」）。

　私が支援していた電子部品製造業では、コストに占める外部からの調達費用、原材料費や外注加工費などの固有コストが6割を超えていた。そのころ、この会社の重要経営指標は「売上高」であり、営業は必死になって規模拡大に奔走したが、同時に低収益に苦しんでいた。すなわち、売上を上げる（＝販売数量を増やす）ことに躍起になっていた営業は、収益性を二の次にして安値受注に走りがちな傾向が強かった、という理由からだ。

　一般的には規模の経済が働きやすい業種では必死になって売上を追う（＝販売数量

図表1－5　規模型事業と分散型事業

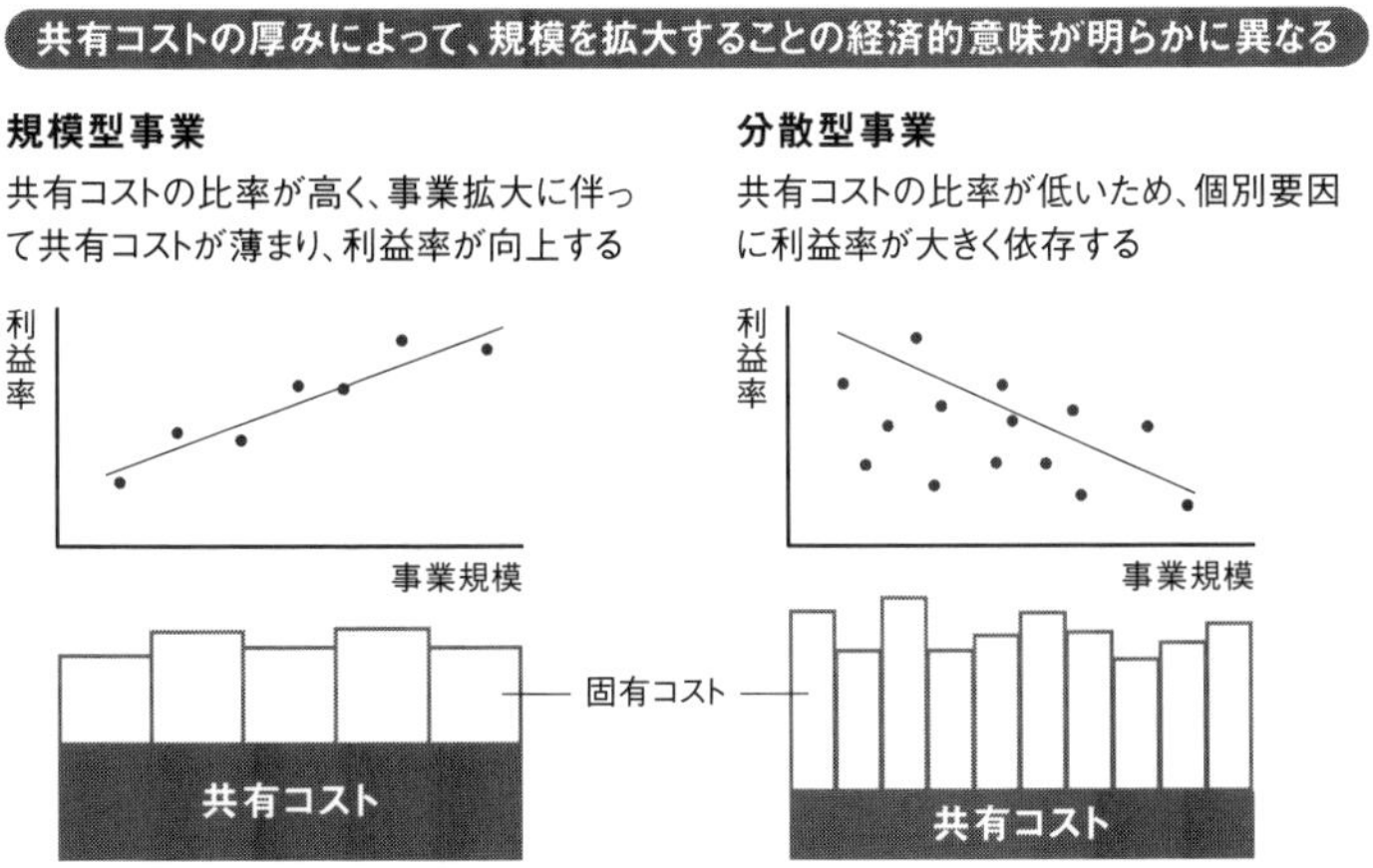
共有コストの厚みによって、規模を拡大することの経済的意味が明らかに異なる
規模型事業
共有コストの比率が高く、事業拡大に伴って共有コストが薄まり、利益率が向上する
分散型事業
共有コストの比率が低いため、個別要因に利益率が大きく依存する
利益率
事業規模
利益率
事業規模
固有コスト
共有コスト
共有コスト

を増やす）行動は理にかなっているが、固有コストが高く規模の経済が働きづらいケースの場合では、単に数を追うことより、むしろ個々の取引ごとの収益性を加味して受注判断を行う（≒むやみに売上を追わない）方が重要な場合が多い。

この会社の場合もそうで、営業が揃って盲目的に売上を追求する安値受注体質から脱却し、個別採算性を重視した経営指標に切り替えた結果、売上高は減少したが利益率・実額ともに増加する結果となった。このケースは事業全体の「規模の経済」が働く増収増益モデルではなく、むしろ減収増益が働きやすいパターンであった。

一方、サービス業を中心としたローカル（local／以下、Lと表記する）の世界はどういう力が働きやすいと言えば、事業活動をしていくなかで、人手という労働力に対する依存度が高い。そのため労働集約的な要素が高く、いかに一人ひとりの効率性を上げるかが勝負である。

Lの世界は「グローバルという単一市場での完全競争市場」ではなく、「限られた商圏の中のみでの競争市場」だ。外食にしろ、医療・介護にしろ、自分の住んでいる地域を超えて、サービスを一定して変わらず受ける機会はほとんどない。

私たち経営共創基盤（ＩＧＰＩ）グループが経営する東北のバス会社は、中国のバス会社と競合することがないことと同じである。Gの世界のような規模の経済というよりは、ある商圏の中で人材や物流などがいかに効率的に運営してコストを最適化するかという、いわゆる「密度の経済」が働く市場である。つまり、出店密度、顧客との密着度がものをいう市場である。

数年前までセブン－イレブン・ジャパンが四国に出店しなかったのも、まさに「密度の経済」を意識していたからだ。出店するエリアを集中させることで、配送コストなどを下げ、収益性を高める狙いがあった。

これらの違いがあるために自ずと生産性を上げる処方箋は、Gの世界とL世界で異なってくる。次に、それぞれの生産性の考え方について説明していくことにしよう。

工場の生産性は高いのに、結果的に低い「グローバルの世界」

次にGとL、それぞれの生産性について考えていく。

Gの世界で生産性を上げたいときに押さえておきたいのが、「資本生産性」だ。資本生産性とは投下した資本（お金）に対してどれくらいのリターン、付加価値があったのかを見る指標である。一般的には、投下資本利益率（ROIC）や株主資本利益率・総資産利益率（ROE／ROA）で表現されることが多い。

投下資本利益率は、「企業が負債株主資本双方で実際に使ったお金をいかに効率的に使ったか」を見ることができる数値だ。株主資本利益率は、「株主が投下している資本をいかに効率的に使ったか」を見ることができる。総資産利益率は、「企業がすべての資産を利用して、どれくらいの利益を上げているのか」を知ることができる。

「いずれも自分たちが投下した資本を効率的に使用し、高リターンを上げ、再投資にまわしていく」というこの好循環を競合と対比してつくり上げられるのか。資本生産性を上げられるのか否かが、Gの世界での競争に勝ち残っていく必要条件であることは間違いない。

すでに日本の労働生産性は低いと冒頭で指摘したが、実は掘り下げてみると日本の製造業の「現場」の労働生産性は、そこまで低くない。むしろ海外よりも高い分野は意外と多い。自動車産業などはその最たるもので、世界に誇れる生産性を有している。

さらに細かく分析すると、日本の工場の「直接人件費の生産性」は世界一高い。工場のラインで付加価値をつける仕事に従事する人たちは、決して諸外国に劣っていない。

東京大学の藤本隆宏教授らによる『ものづくりの反撃』（ちくま新書２０１６年）に、『今の自動車産業であれば、日本メーカーの国内工場と比べると、中国工場の生産性はざっと半分くらいであり、中国ローカル企業の中国工場の生産性はそのまた半分、およそ4分の1くらいと推定されます』との記述がある。同じ設備を導入していたとしても、日本では1人あたりに管理できる設備の数が多い。さらには多能工と呼ばれる複数業務や工程を同時に1人で受け持つことなどもあり、記述のような生産性の違いが現れる。

このように現場の労働生産性が高いにもかかわらず、なぜ日本の資本生産性は低いままなのか。そんな素朴な疑問も生まれてくる。その一つの要因として考えられるのは、間接コストが足を引っ張っているという点だ。そのため全体として収益が低くなっているというのが実態だ。

日本の経営では生産性や採算を議論するときに、直接費（生産、販売に直結する人件費など）、間接費（技術開発、品質管理部門、人事、経理などの間接部門の費用）を詳細に分析することなく議論し、現状を見誤っているケースが多い。ここに日本のG型企業で資本生産性が停滞している一因があると言ってもよい。財務会計上（もしくは管理会計も含め）把握している、粗利・営業利益といった一般的な指標を用いて事業活動をモニタリングする（いわゆるＰＤＣＡをまわす）会社は非常に多いが、「直接費ベース」での製造コストはどのくらいか、また間接コストの割合はどうか、これらを競合企業と比較して、実際の勝敗をしっかりと検証している日本企業は、かなり少ないのではないだろうか。

Ｃｈａｐｔｅｒ２でくわしく述べるが、エンジニアリングチェーン、サプライチェーンを見るとわかりやすい。

図１－６のエンジニアリングチェーンは、企画、開発、設計、試作といった部分だ。サプライチェーンは、調達、生産、製造、販売などで構成されている。後者が直接費の部分になるが、サプライチェーンだけを見て、他社に勝っていたとしてもエンジニアリングチェーン（間接人件費）の部分で、より膨大なコストがかかっていたら、トータルとしては負けていることになる。

特に製造業の場合、Ｒ＆Ｄ（企業の研究開発業務と部門）部分、すなわち先行する研究開発に資金が必要になる。しかし、それらの研究開発にかかった費用を生産にかかった費用と連動させて考えていないため、いくら工場で生産する際にかかった費用を分析しても、実態にそぐわないデータしか出てこないケースが多い。もし、きちんと分析するならＲ＆Ｄにかかったコストもしっかり配賦していくことが必要となる。

別の表現をするなら、正しい時間軸で「資本生産性」をとらえなければならない。そも

図表1−6　製造業のバリューチェーン

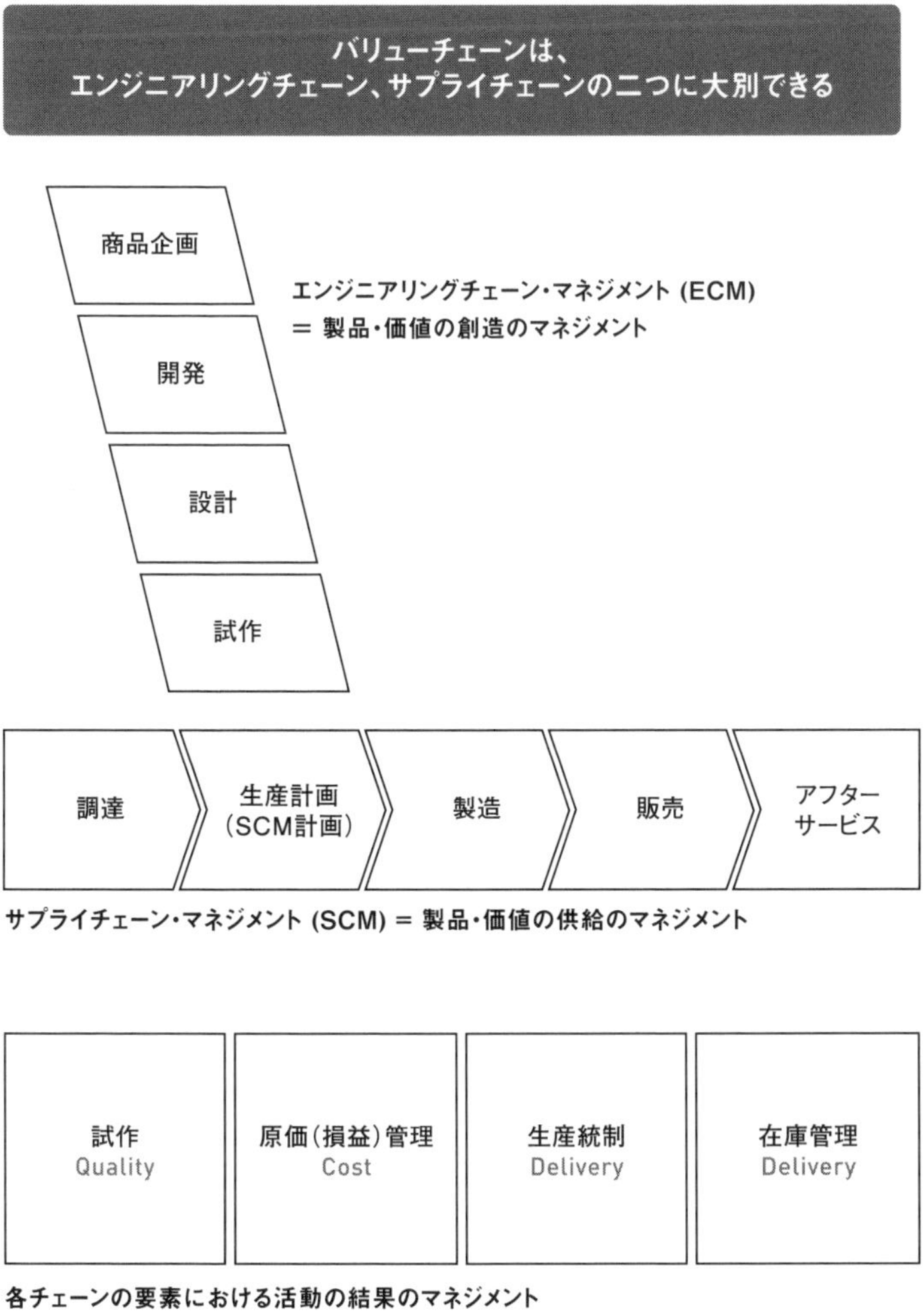

そも製造業の一つの事業に取り組むと期間は長く、単年度で完結する事業モデルなどほとんど存在ない。たとえば、自動車であれば、5年で1モデルというのが一般的であり、5年で研究開発し、5年で製造販売というビジネスモデルとなっている。つまり、10年という期間で研究開発に投資して、原料を購入して実際に工場で製造して、それでしっかりとペイしているかということを考えなければならない。

ところが、日本の企業は残念ながらここが弱い。ビジネスサイクルを通した収益管理ができていないためである。経験則から言えば、日本のエクセレントカンパニーの中にも、個別プロジェクト（≒製品群）単位で見た場合、実際にはペイしていないケースが散見される。

「ドンブリ勘定」「ＰＬマインド脳」の日本の経営

日本の経営は、株主からの経営に対するガバナンスがあまり強くなかった背景もあり、資本効率という視点より、むしろどれだけ利益を稼ぎ、結果として自己資本を厚くしたかという視点が重視されてきた。そんな理由から、単年度ベースの利益が重要視されていた時代が長い。そのため期間損益として把握しやすい製造原価などをしっかりと見て単年度の収益を気にするわりには、長期的なコストである研究開発などのリターンについては、どんぶり勘定になっているケースが多い。

収益性を改善する再生案件などはまさしくそうだが、現場は研究開発への先行投資が必要な製造業は特に長期でみていかなければならない。R&D分野に労働力も資金も、投資して回収する場合、必然的に長いタームになるからだ。

サプライチェーン以前のエンジニアリングチェーン部分に5年間投資をしているなら、それを加味する必要がある。長期的にキャッシュフローを見ながら、そのリターンを分析することが結果的に資本の生産性となるわけで、これに対して回収がどれくらいできているか、きちんと追っていくことだ。

しかし、経営層や現場を預かる部長層と話していると、単年度の損益計算書（PL）のことしか頭にない人がとても多い。これは日本の製造業、サービス産業、小売など、ほぼすべての分野の経営に見られる特徴である。

その理由の一つに、経営スパンの長さがある。研究開発に5年、あとの5年で製造販売をするなら、少なくとも10年のスパンで勝った負けたを判断しないといけない。しかし、前述の理由から単年度の利益蓄積が重要視されていると単年度のPL、長くても2年、3年の数字に目がいってしまうのも無理はない。

また、そもそも歴史を紐とくと、70年代、80年代まではメインバンクガバナンス（メインバンクを向いた企業統治）が基本で、当時は銀行からお金を借りて、それで投資をして回収するビジネスモデルだったのである。当時の銀行が与信の際に重視したのが、「経常利益」と、利益の蓄積からなる「自己資本比率」の二つであった。

教科書通りに、経常利益を上げて自己資本比率を厚くしていく。銀行も単年度の経常利益で評価、格付けしていくのでますます視野狭窄に陥り、長期的にお金が回収できているのかを追わなくなる。そして、ますます単年度のPLと純資産しか見ないことになる。

そうすると長期的な投資を経営として管理・コントロールしていくという気持ちにならないので、何が有効な投資なのかという判断もできなければ、その投資を受けて長期的に回収する経営体制、管理体制が構築できない。そのまま次の経営者にバトンタッチすることを繰り返すことになる。結果、現場では世界を相手にしたギリギリの戦いをしているのに、なぜか儲からないという状況を招いていた。

つまり、ここで説明した直接コストと間接コストしかり、経営としてしっかりと把握しておくべきさまざまな指標が十分に「見える化」できておらず、どんぶり勘定になっていることが、日本の製造業の資本生産性の低さを招いている。

そう考えると生産性を上げるための方策は簡単で、長い時間、寝てしまういくつかの製品にまたがるコスト、たとえば、一般管理費や減価償却費など間接コストなどを見える化し、いかにうまく投資を行って回収していくかを考えることが近道だ。

たとえば、日本を代表する建機のコマツ。コマツは競合のキャタピラをベンチマークして、ものづくりの生産性向上を図ってきた。もともと直接製造費はキャタピラと比べても遜色がなかったが、やはり一般管理費と呼ばれる間接部門の費用が高かった。徹底的にその部分を改善し、売上高に占める一般管理費の割合がキャタピラより低下した時点で、コマツはキャタピラの営業利益率を追い抜くことになったそうだ。

コマツの収益性が大幅に悪化した2000年代初頭に社長になった坂根正弘氏は、社内のさまざまな構造改革に着手した。たとえば、社内ITシステム導入においても、付加価値領域のものづくりプロセスは徹底した自社仕様にこだわったものの、会計などの間接業務については問答無用で標準パッケージを導入したそうだ。各現場がよかれと思って積み上げた個別最適の施策は、決して全体最適にはならない。こうしたムダ取りは、経営者からのトップダウンの強い意思があってはじめて実現されるケースが非常に多い。

とはいえ、コマツのようなケースは稀で、間接コストのマネジメントが上手く機能していない場合、現場の工員たちは頑張っても報われないところで頑張ることになってしまう。現場の人たちは1円、2円の雑巾絞りを続けているが、それを根こそぎ吹っ飛ばすようなムダが、そこかしこで発生するのでは勝てるわけがない。

あれもこれも頑張ろうとする日本企業

もう一つ資本生産性の低い要因として、日本の企業は、投資すべきところに投資する、絞るべきところは絞るという選択の意思決定力が弱いことが挙げられる。つまり、絞り込めないために、「あれもこれも」になってしまいがちである。

図表1－7は、事業単位の収益性を偏差値化したイメージである。いま、偏差値の高い高収益事業であっても、いつ何時、競合が現れたり、技術革新によってビジネスモデルそのものが成立しなくなるのかわからない。また、偏差値の低い問題事業については、長期的に見て収益性改善の余地はあるのか、なければすぐに売却なり撤退なりの判断が必要と

なるだろう。

　しかし、ボトムアップでコンセンサスをとりながら意思決定を行っている日本型の経営スタイルの場合、この絞り込む判断にそれぞれの思惑がある部署から横やりが入って、なかなか物事が決まらないケースが多い。

　いくら花形事業で稼いでいたとしても、その他の足を引っ張る事業にリソース（資源）を使うことで、全体としての生産性、収益性を減少させていることも少なくない。

　つまり、「将来的には、収益性が高まるはずだから、ここで勝負しよう」「競合がキャッチアップできないはずだからここに賭けよう」と、戦略的に取り組むことができない。そこで全部にまんべんなく手を打つからトータルでは結局、儲から

図表1−7　事業単位の収益性

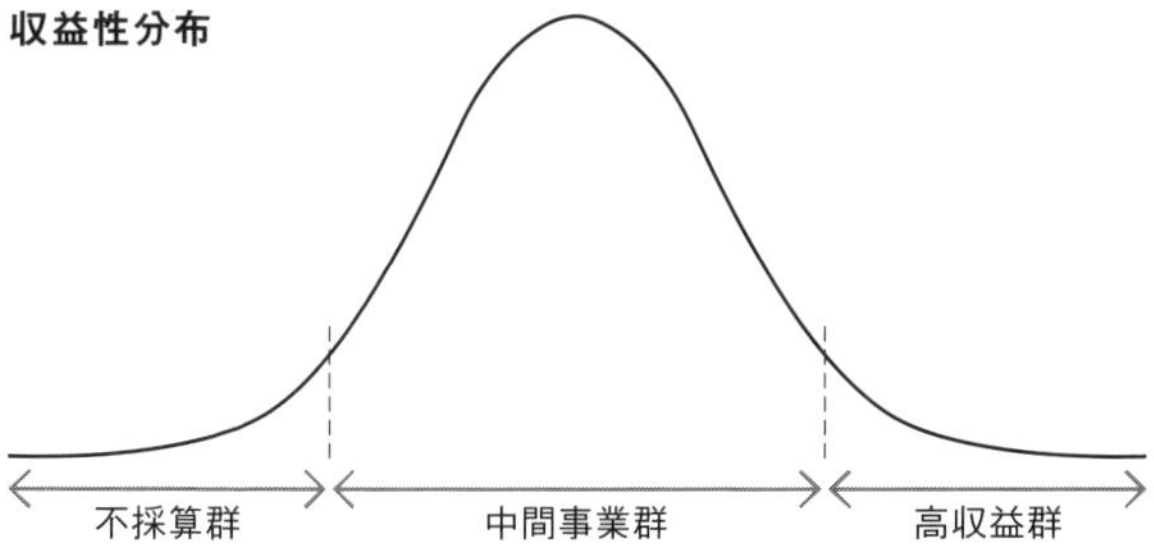

ない。世界の企業は「ここで勝負をする」と覚悟を決め、しのぎを削っているのに、あいかわらず日本企業は選択も捨象もできないままなのである。

別の言葉で説明するなら、足し算は得意だが、引き算が苦手ということになる。日本企業の足し算は、世界中の企業が敵わないほどに優れている。これもやってみよう、あれもやってみようと、どんどん性能を高めていくことは得意だ。しかし、これを捨てようという判断が弱い。そもそも何かを足すためにもリソースが必要で、どこからそのリソースを用意するかという発想が抜け落ちていて、「なんとかします」という根性論に終始してしまう。

中堅企業でも大企業でも「人が足りません」ということをよく聞く話だ。そもそも人手不足の時代に、人が足りているという局面はいつまでも訪れない。それを前提に何を絞って、どうセグメントして、どこにターゲットして、どんな製品で勝負するのかというように、1カ所に絞ってリソースとして優位を確立しないとまずは勝てない。

世界のライバルたちもリソースが限られた戦線のなか、一点突破主義で戦っている。戦略を立てるリーダーが勝負できない組織では、現場の人たちがどれだけドンパチやっても勝てるわけがない。

Gの世界というのはスポーツで言えば、オリンピックのようなもので、100メートル9秒台とは言わないが、10秒台前半の選手がうろうろしているような大会である。そのような舞台において、あれもこれもやろうと足し算ばかりやることは、陸上も、サッカーも、バレーボールも、重量挙げもなんでもやろうとすることと同じであり、初戦敗退どころか、国内戦すら勝ち上がれないだろう。

自分は何の選手なのかを探るには、各企業の沿革、歴史的に有している強み、蓄積してきたもの、たとえば、製造業であれば技術を突き詰めて考え、これからどこへ向かうべきなのか。さらには、市場の流れ、競合の動向、差別化など、どの競技であれば勝てそうなのか、自社の持っている強みと市場のトレンドが合致するところを探っていく必要がある。

結局、グローバルな世界では、いわゆる完全競争（パーフェクトコンペティション）的な戦いが展開されるため、視野狭窄の経営をしていると一瞬で中国の会社にやられてしまったということが、あちこちで発生することになる。

完全競争が働かない「ローカルの世界」

一方のローカル（L）の世界は地域密着型であり、完全競争（すべての経済主体が価格を前提条件として行動しているという理論）が働いていない市場での戦いとなる。

たとえば、駅のこちら側に地元のスーパーがあり、反対側の大きな出口に全国チェーンの大手スーパーがあるケースは多い。地元のスーパーは品数が少なく、お惣菜の質もやや低い。また価格も割高である。一方の大手スーパーは品数が多く、お惣菜もおいしい。さらに大量に商品を仕入れているため価格も割安だったとする。完全競争が働いている市場であれば間違いなく、大手スーパーが圧勝する。

しかし、多くの人は会社の帰りにちょっと寄るなら駅の向こう側まで遠まわりする手間を惜しみ、たとえ品数が少なかったり、お惣菜がそれほどおいしくなくても、地元のスーパーですませるのではないだろうか。

そのため完全競争のGの世界なら一瞬で淘汰されるような「緩い経営」をしていたとしても、資金繰りさえまわっていれば、死なない企業が多数存在することになる。PLは、ぼろぼろかもしれないが廃業にならない。先ほどの計算式で言えば、付加価値を上げる努力をせずに分母の人件費を可能な限り圧縮するという戦略で、耐えしのいでいるという状態である。

そうしたLの世界で生産性を考えた場合、100メートルを10秒台で走る必要はない。これまで30秒で走っていたのを20秒くらいにするだけでも格段に生産性は上がる。つまり、やるべきことをしっかりとやれば、自ずと結果は出る。

私たちが手がけた再生案件である、みちのりグループのバス会社もその一つだ。一般的な地方のローカルバスは、地元の名家が手がける数ある事業の中の不採算事業として位置づけられ、補助金をもらえればやるという経営がなされていた。10年以上路線をいじっていないため、すでに学校は廃校になっているのにもかかわらず、「○△学校前」というバス停が残っていた。みちのりは、こうしたムダを徹底的に見直し、効率のいいオペレーションは何かを考えてPDCAをまわしていった。

また、バスの運転手には、安全で燃費のいい走り方をお願いし、改善するまで粘り強く声をかけるようにした。さらには数値化、指標化して評価することを繰り返し、収益を改善していったわけである。結果、働く人の賃金も上げることにも成功した。

この数値化、指標化という点が肝で、Lの世界の経営目標は、「地域に貢献します」とか、「昨年よりも少しでも多く利益を出します」とか、ふわっとした内容であることが多い。たとえ、数値化されていたとしても、毎年、「昨対で110%増」というような数字が並ぶだけで具体的な戦略・実行プランもなく、画餅《がべい》であることが少なくない。それではいつまで経っても計測不能であり、結果検証できないまま、ゾンビのように生き続けてしまうことになる。数値化、指標化して「見える化」し、愚直にPDCAをまわしていく、これはGの世界でも同様ではあるが、これこそが事業活動の一丁目一番地であることは論を俟《ま》たない。

生産性を上げるには新陳代謝が必要

付加価値をつけて生産性を上げる。そのために必要なものの一つに新陳代謝がある。Gの世界で言えば、現場担当者が前例踏襲を好み、現状を肯定することによってトップダウンで物事を進められなかったり、逆にLの世界ではワンマンのオーナー経営者が思い入れのある事業を切れずに延命措置を続けることで新陳代謝を阻害することになったりする。

さらにいま、足元の業績が中途半端によいのも問題である。自動車産業や銀行業界など、本来であれば体力のあるうちに選択と捨象を行い、撤退したり、リストラクチャリングをすべきなのだ。

とはいえ、Gの企業には株主がいたり、ある種の牽制《けんせい》やガバナンスが効くこともあるが、Lの企業の場合、「株主＝社長」ということが多く、ガバナンスが効きにくい。なかには、「業績を上げて、何かいいことがあるのか」と発言する社長もいたりするくらいだ。本来、Lの世界であれば、地方銀行が経営のいろはとして、キャッシュフローの見方を教えなければならない。だが、お互いに懇《ねんご》ろな関係になってしまい、牽制することができない。

本書では、これらの問題意識に対して、製造業、非製造業に分けて分析し、処方箋を提示していく。Chapter2では、必然的にGの世界で戦うことになる製造業の生産性改善、抜本的なものづくり改革など競争力強化への道筋を提示する。

Chapter3では、Lの世界を中心に非製造業が抱える事業、財務、ガバナンス、組織面の課題を浮き彫りにし、外食産業、小売業、卸売業、宿泊業、医療・介護サービス業、銀行業など、業種ごとに考えていくことにしたい。

Chapter 2 【製造業編】

「設計・調達・生産工程」の連携力を高め、世界戦で勝つ

競争力のある製品は、いかにして生まれるのか

Chapter2では、製造業の産業的な特徴を活かしながら、どのように投資とリターンを考えていけばいいのか、整理していこうと思う。まずは「製造業」と「生産性」との関連性について整理するところからはじめよう。

すべての「製造業」が世界戦を余儀なくされていく!?

言い古された言葉ではあるがグローバル経済の深化によって、製造業の市場は過去と比べれば、明らかに広がってきている。それは「地域の広がり」という意味だけでなく、世の中の「ニーズが多様化した」という点においても拡大を続けている。

たとえば、自動車メーカーを考えれば明らかだ。消費者のニーズにあわせて車種をいくつもつくり、同じ形でもオプションをつけたり、色を変えたりといったマス・カスタマイゼーションを施すことで、製品の種類は爆発的に増加している。

このようにグローバル市場で製品数が増えることにより、工場の製造ラインも増加し、複雑化することになる。それによって、いままで国内に拠点を構えていればよかった企業は、海外に拠点をいくつも構える必要が生じ、現場の数もまた増加の一途をたどる。結果、それぞれの現場が真面目に現地のニーズと向き合い、試行錯誤して頑張れば頑張るほど、個別最適化されたものが次々と出てくることになるだろう。

この現地のニーズという点を深掘りすると、従来、日本企業にとっての主たるマーケットはアメリカ、ヨーロッパであり、成熟国としてお互いに親和性が高かったため国内で製造したものを持っていけば、ある程度、勝負できた時代があった。しかし、アジアやアセアンが市場となったとき、ニーズは加速度的に多様化することになり、ここでもやはり製品数の爆発的な増加を引き起こすことになった。

「グローバル市場？　いやいや自分の会社は世界を相手に展開するつもりもないし、国内で細々とやるから関係ない」——そう考える経営者もいるかもしれない。たしかに製造業も細かく見ていくと、B to Bなのか、B to Cなのか、あるいはグローバルプロダクトとローカルプロダクトに分けることができるが、全体としてみれば、ほぼすべての製造業はグローバル競争にさらされると言っても過言ではないだろう。

理由は大きく二つある。まず、これまで中国、そしてアジアへと労働市場の安いところに製造業の生産拠点が移ってきていることは周知のとおりだ。どこでつくっても品質に大きな違いがない製品であれば、人件費の安い地域であるほうがよい。ということは、日本国内に留まるという選択をしたとしても、製造コストの低い海外との競争を避けることはできない。

二つめは、日本が人口減少社会に突入しているということだ。日本の人口動態を考えると、移民が大量に流入してくること以外に消費者の数が増えることは見込めない。国内市場がシュリンクするのは明らかで、生き残るためには海外に目を向けなければならないことになる。

この人口減少は、いまにはじまったことではない。すでに1960年代には予測されていた。たとえば、日本の代表的な醤油・調味料メーカーのキッコーマンは、日本企業のなかでも、相当早い段階で海外展開を成し遂げた企業だ。食という観点から考えると、いくらお金がある人でも1日に10食を食べることはなく、1日に100本のコーラを飲むこともないため、人口と相関関係がある国内需要が減少することは目に見えていたからである。

そして、その戦略は奏功し、塩とこしょう中心の北米では大成功をおさめた。しかし、現在、すでに多種多様な調味料が発達しているアジアでは苦戦しているそうだ。これはキッコーマンに限ったことではない。多くの日本企業は海外戦略で後手にまわっている。

かつては「発展途上」だった中国でも、日本よりも進んだ技術が開発、導入され、消費者もそれに慣れている。また、日本の製品がそのまま受け入れられるわけではないのは、キッコーマンの醤油の例を挙げるまでもなく明らかであり、ローカライズする必要が生じる。そこにはニーズ、品質、価格という複雑な方程式があり、一筋縄にはいかないのである。

また、日本の製造業に見られる「グレードを下げる」ことを嫌う傾向も、足かせになっている。技術者としては、技術力で勝負したいと思うのは当たり前と言えば当たり前で、そのプライドがあるため本能的に引き算ができないわけである。

しかし、アジアなどのローカルな製品は品質も劣っているが、価格は安い。日本の製品は品質はよいが価格も高い（傾向がある）。日本製品が勝つためには、ある程度の品質を維持しながら、場合によって品質を多少、犠牲にしつつもロープライスにしなければならない。それは工場の生産工程に手をつければ解決するというレベルの問題ではなく、設計のところから変える必要がある。

つまり、必ずしも単純な「コストダウン」という発想で実現できるものではなく、何かしら新しいやり方にチャレンジすることが求められる。そのため、多くの日本の製造業がグローバル市場で苦戦していると言えよう。

製造業の「競争力」を決定づけるものは何か

ここまで述べたことが、グローバル競争化で日本の製造業が置かれている大まかなポジションである。ところで、そもそも製造業とはどのような特徴を持っている業態なのか、サービス業との違いは何だろうか。

その基本的な特徴の一つとして、「自前」でやっていることがたくさんあるということが挙げられる。たとえば、商品を仕入れて売る「商社」「小売業」とは違い、何をつくるのかを考えるR＆D（Research & Development：企業の研究開発）機能からはじまり、それを実際に開発・設計して、量産することまで手がけているということである。

そのことは戦略パラメーターが多いため競争優位となったり、劣位の源泉となりうる要素を多く抱えていることを意味している。端的に言ってしまえば、自前でやっている部分が上手いか、下手かによって最終的な「競争力」が決まってくるというのが、製造業の基本的な「構造」ということになる。

お金の流れ、キャッシュフローの側面から製造業を分析すると、投資が先行する業態と言える。R&Dに必要な開発人員の確保、さらには工場への投資が必要で、工場で実際に量産し、納品してようやく投資した資金を回収できるビジネスモデルということだ。そのため投資した金額に対して、どれくらいのリターンがあるのか。それが投資が上手いか下手かを計測する際に重要な観点となる。すなわち本書のテーマである「生産性」を製造業の具体的な数値として表現すると「投資効率」ということになる。

「投資効率」というのは開発や設備への投資に対して、どのくらい効率よくリターンが得られているかということを指す。そして「自前」でやっている部分が多いということは、「バリューチェーン」(価値連鎖)のそれぞれのフェーズがうまくいっているかどうかに尽きる。

簡単に言ってしまえば、これが製造業の生産性に関する問題の全体像である。

製造業はオリンピックで言えば、ニッチなエリアでも金メダルを取る必要があるわけだ。金メダルを取るには、緻密に日々の練習や体調を管理をしていくことが必要だ。

Chapter2では、それをどう実現するのか、三つのトピックに分けて処方箋を提示していくことにしよう。

その三つとは、

①バリューチェーン横断で、再現性のあるものづくり力
②工場の稼ぐ力
③技術力を事業競争力につなげる力

である。順番に述べていくことにしよう。

バリューチェーン全体の「連動性の有無」が明暗を分ける

①のバリューチェーン横断で再現性あるものづくり力についてだが、残念ながらこの問題の全体像をしっかりと理解したうえで分析し、改善に活かせている日本企業はレアケースであろう。

日本の製造業の危機が叫ばれて久しいが、実際、工場の現場の競争優位性は、まだまだ高いにもかかわらず、市場における競争優位性はそれほどでもない。なぜなのか。工場の生産「だけ」がうまくいっていることが、その商品の競争優位性に直結するわけではないからだ。そもそも工場が生産するまでの工程である「製品企画」「開発」などのエンジニ

アリングチェーンの部分、「調達」「生産」などのサプライチェーンの部分のいずれか、あるいは双方が「下手」であったり、それぞれのセクションの連動性が低い場合は、最終的な競争優位性も低くなる。結果、投資効率が悪くなるという悪循環を生んでしまうわけである。

連動性がうまくいかない状況を私たちは「バケツリレー方式」と呼んでいる。自分の担当する工程がうまくいけば、次にタスキを渡すだけという考えでは、製造業の生産性は上がらない。

たとえば、日本の製造業の代表格でもある「自動車」について考えてみよう。

1台の自動車には3万点の部品が必要で、鉄を溶かしてつくる鋳造、研磨、それらの部品を組み合わせるいわゆるアッセンブリーや全体を制御するソフトウエアなどが複雑に絡み合っている。

バリューチェーンの全体が機能するためには生産の部分だけに注力するのではなく、いかに量産しやすくするかというR&Dの段階での設計が重要になってくると言えよう。バケツリレー方式が機能しないのはこのためである。つまり、次の工程、その次の工程がスムーズに進むように前後の工程が上手に連動することで、最終的にリターンのところの効率の善し悪しに影響を与えるということになる。

溶接の作業を例に考えると、当然、溶接するための「打点」は少ないほうがいいわけで、事前に打点が3分の1ですむ設計をしておけば、それだけ生産性、投資効率は上昇する。開発、設計から生産という連動を上手くすることが、再現性のある競争優位を生み出す源泉となるわけだ。

工場の生産性を上げるための特効薬はない

②は工場の稼ぐ力のつけ方だ。前述のバリューチェーンが連動していることは絶対条件だが、そもそも工場が弱くては「収益性」を創造するのは不可能である。モノを仕入れて、たくさんの人を雇って、莫大な設備投資をした結果、工場の生産性が低くては、稼ぐ力とはならない。
では、工場を強くするにはどうしたらいいのか。残念ながら、特効薬はない。膨大かつ地味で基礎的な作業の繰り返し以外に解決策はないのだ。「ものづくり」は「人づくり」と言われるように、一朝一夕には完成しない、時間のかかる作業となる。

その最たるものが「マニュアル」（作業標準）である。「作業標準」は、製品をつくるために最も効率よく、最もよいアウトプットができる「ノウハウ」と言い換えることができる。「イケている」工場は、このノウハウのバージョンアップが頻繁に行われている。一方、「イケていない」工場では、「マニュアルの最終更新日、10年前」ということがよくある。

私たちは経験上から作業標準の更新頻度と競争優位性には確実に相関関係があると断言できる。しかし、これはとても地味な作業だ。現場の班長が新しく入ってきた工員に説明し、うまくいったか、うまくいっていないかを毎日確認する。これを毎日やれている工場は強い。

日本は技術で勝てるのに、なぜ、事業で負けるのか

③は、技術はあるけれど事業で勝てない日本の製造業への処方箋である。

三つのトピックを簡単にまとめると、

①は技術開発によって生み出したものをバリューチェーンのなかで、どう再現性を持って実現していくのか

②は収益性を上げるために、工場でどう量産するのか
③は全体としてビジネスサイクルをどうまわしていくか
ということになる。

日本の現場は決して怠けていない。むしろ頑張っている。ただ、頑張っても勝てない製品のために力を注いでいることが少なくない。あるいは、いまは勝てていても将来、勝てなくなることを見越していない。そんな事業戦略が不在のなか、足元の案件をこなしているだけというのが、よく目にする日本企業の現場の風景である。

ものすごく忙しい現場においては、新しい技術の開発、それを活かした製品づくりではなく、既存技術による既存商品で頑張ることになる。誰もが将来のための事業戦略が必要だと思っていても、その重要性は緊急性に駆逐《くちく》されていくのだ。そして、忙しいけれど、何年経っても結局は儲かっていないという負のサイクルから抜け出せない。

このサイクルは、どこかで断ち切らなければならない。「いまは苦しいけれど、将来、これで勝ちにいこう」「いまはこれで勝っているから、次はこれで勝負しよう」という正のサイクルにシフトチェンジするためには、何かを諦めることが必要になる。私たちは、そのことを「踊り場をつくろう」とか「シュリンク&グロース」と表現しているが、つま

りは、「負のサイクルをまわすのは止めましょう」ということだ。

③では、技術力を事業にどうつなげるのかを述べる。すなわち新製品のための要素技術、あるいはメンテナンス技術やソフトウエアを制御する技術などを棚卸しして、自社の強みを見極める。そして、中長期的にどのような技術を強化し、どう事業として戦っていくかという技術ロードマップと事業戦略を策定するといった中長期視点の取り組みだ。

バリューチェーン業務を連携させ、競争力をつける

競争力のある製品をいち早く生み出し、市場に投入するためにはバリューチェーンの業務を一気通貫でつなぐことが不可欠だ。これは地味だが、本質的な企業固有能力と言える。製造業独自の製品企画や開発といったエンジニアリングチェーンと、生産や調達機能としてのサプライチェーンを有機的につなぎ、顧客要求から製品仕様へ落とし込み、設計、調達、生産工程に至るまでの関係性が可視化され、連携が図れること。これはものづくり企業としての普遍的な競争力と言える。

グローバル化や製品ライフサイクルの短縮など、ものづくりを取り巻く多くの環境変化

にビッグデータやＩｏＴ（もののインターネット）といった新要素が加わる中、内側に多くの問題を抱え続けている企業も見受けられる。

10年後の世界を見据え、ものづくりの強化に向けて短期的に何をすべきか。中長期的に取り組むべきことは何か。本質的改善に正面から向き合う必要があると考える。表に現れる競争力は機能の差別化やコスト競争力、ブランドだが、それを持続的に実現している組織固有能力、裏の競争力を忘れてはいけない。

ものづくりの力は、一朝一夕にはつくりあげることはできない。日々の改善活動を着実に行い、個々の活動において事業戦略から機能部門、現場へとつながりを維持する。そんな地道な活動の積み重ねが、持続的な競争力となるのだ。

「バリューチューン」と「ものづくり」

「開発能力」を磨き、「競争優位」の源泉にする

近年、製造業を取り巻く環境変化は著しいものがある。自動車であれば、電気や水素による駆動燃料の変化にともなう構造変化や完全自動運転を目指した電子制御や安全・安心に関わる新規機能の増加などだ。このような変化に対応するには、自社の開発機能を強くする必要がある。強い開発とは、「製品の要求を先読みし、他社よりも優れた条件で製品を提供できること」と言える。これを実現するための具体的な開発能力として、次のことが挙げられるだろう。

・先読み――要求や変化を先読みし、要件を定義できる
・選択――要件実現の技術的手段を複数持ち、適切な手段を選択できる
・差異化――他社と比較し、自社の技術的強みをつくり出せる
・実現――実機を試作する前段階からシミュレーションなどを使い、机上レベルで成立

性を検証し、実現できる

これらは当たり前のようにとらえがちだが、実際にやり切れている開発現場は稀だ。そこで実践的な検討アプローチをここからは紹介していきたい。

「要求ばらし」は製品開発で大きな力を発揮する

「要件化」について社内で話し合い、定義づける

製品の特徴、あるいは、機械・電気・ソフトウエアというように分野が異なっても、製品を開発する基本的なステップは「要件化➡具現化➡検証」となる。

要件化というのは、製品の仕様への要求事項であり、具現化というのは、その仕様の具体的な実現手段である。また、検証とはその手段が本当に成立するのかを確認するということだ。

最初の要件化ステップでは、要求を整理し、実際に何（What）を開発していくべきなのか、その要件を定義することになる。また、具現化ステップでは、要件化したものをどの

ように実現させるのか、その手段（How）を明確にする。検証ステップでは「What」と「How」の関係の妥当性について検証するわけだ。

この時点で要件について社内で揉んでおらず、定義不足があると狙いどおりの製品は開発できない。その結果、予定に比べて製品ができあがるのが遅れたり、後工程で問題が発見され、前段階に戻り、やり直す、手戻りを引き起こしてしまう。そのため早い段階から高い確度の要件を定義する組織能力が求められる。

そこで、武器となるのが「要件ばらし」である。要件ばらしとは、「フレームワークを用いながら、要求の抽出や要件の構造化を進めていく手法」のことである。たとえば、新しくパソコンを購入したいと考えたとき、使用目的は何か、その使用目的によって、デスクトップ型にするのか、ノート型にするのか、処理速度やメモリ容量はどのくらい必要なのか、という具合に考えを具体化していくことは、要件ばらしの一例だと言えよう。

これを使いこなすこと、さらには日常の業務プロセスの中に組み込むことが、強い製品開発力を実現するための要諦となる。

ちょっとイメージをしてほしい。あなたが顧客から受け取る要求は、内容が抽象的なことが多くないだろうか。たとえば、「もっと見やすく」や「もっと使いやすく」というように複数解釈ができてしまうことがあれば、それはよくない。このような曖昧な要求を分類軸やツリー形式によって体系的に整理して具体化することが、要件ばらしという手法である。通常、

①将来動向・変化の予測

②要求の先読み

③要求から要件への具体化

④要件の付加価値評価

のステップで進める（64〜65ページの図表2-1参照）

顧客の背景を知り、将来動向・変化の予測をする

まず、図表2-1-1の市場、顧客、競合、自社の視点から、数年後の製品について変化を予測する。その折に、顧客の要求情報を収集するうえで陥りやすい罠が、「どんなブランドの製品を買いますか」「どこのメーカーが好きですか」というようなメーカーについてのみ要求をヒアリングし、整理してしまうことがある。それも大事だが、さらに大事なことは顧客がその要求に至った背景を理解することである。そこまで把握することで顧

客が答えた意図を理解し、誤解釈を防ぐことができる。また、業界動向や法規制の変更なども知ることが、要求の先読みにつながるからだ。

顧客の要求の先読みを行う

①で予測した数年後の動向変化を用いて、要求抽出用のマトリクス（要求分析表）を準備し、顧客の要求について先読みを行う（図表2－1－2参照）。要求分析表を用いて要求を抽出すると、将来予測の項目との関係がマトリクス上で明確となる。そうすることで要求を先読みした前提条件や根拠を紐づけておくことができる。これは顧客であるメーカーへ技術的な先行提案を行う際にも非常に有効だ。

誰もがわかる言葉にする

抽出した要求を要件として具体化する。要求を抽出しただけでは抽象度が高すぎるためだ。具体的には、仕様に対しての目標値など定量値で表現できる粒度まで具体化する（図表2－1－3）。自動車であれば、走行性能を高めるための低偏平率化（低偏平率とは簡単に言うとタイヤの接地幅を決める指標。スポーツ走行ではある程度の接地幅が求められる）を考える

分析のアプローチ

3 要求から要件の具体化

●抽出した要求をツリー形式で構造化

4 要件の付加価値評価

●具体化した要件を評価し、優先度を決定

図表2−1　要求

1 将来動向･変化の予測

- 現在〜3年後を想定
- 市場･顧客･競合･自社ごとの変化を予測

2 要求の先読み

- 要求の分類軸の設定
- 将来予測を見ながら要求を抽出

要求分析表		変化の予測		要求分類軸						
		現在	3年後	機能性	信頼性	使用性	効率性	保守性	適用性	安全性
市場	政治・社会的環境	燃費規制強化	エネルギーセキュリティの強化				燃費規制強化			
	経済的環境		大型車志向						タイヤ大型化	
	技術的環境									
	自動車業界動向		自動運転進化							
顧客（自動車メーカー）	会社方針		PHEV推進		車重増の耐性					
	技術動向		電動化							
	注力市場		中国						高温多湿対応	
	使用環境		郊外の荒路面		パンクしにくい	乗心地が良い				破裂しない
	強み・弱み		SUV系に強み	段差に強い	低振動				タイヤ大型化	
顧客（エンドユーザー）	使用者		所得中間層							
	使用場所		地方都市					メンテフリー		
	使用用途・目的		通勤	個性的デザイン				汚れにくい		
競合（自動車メーカー）	競合他社動向									
	新規参入予想		小型電動車							
	ラインナップ・性能動向		EV 増加							
競合（同業サプライヤー）	競合他社動向		廉価品に注力					交換が容易		
	新規参入予想		地場メーカー							
	性能ベンチマーク		コスパの脅威							
自社	保有技術		低燃費化技術				燃費規制強化			
	先行要素技術		消音化・軽量化							
	開発リソース（人・モノ・金）		現地開発化							
	生産能力（拠点・設備）		中国2拠点							

際、現在の仕様値40%からどこまで低くしたらいいのか、35%なのか30%なのかといった目標値を定めることで、複数解釈することなく誰もが共通認識が持てる。

三つの視点から要件の付加価値を評価する

具体化した要件に対して付加価値評価、つまり、どの要件を優先して開発すべきかを判断する。次のような観点の重みづけを行う（図表2－1－4）。自動車部品メーカーを想定している。

①必要性――顧客（自動車メーカーなど）にとって必要とされる要件か
②優位性――競合より先行する優位性がある要件か
③市場期待度――エンドユーザー（自動車の購入者など）の多くが期待している要件か

これらをそれぞれ5段階程度のレベル分けを設定し、評価することで優先度を考察するとよい。

不明瞭な要件を減らし、手戻りをなくす

要件ばらしを利用して体系的に要件を定義することで、期待できることは多々ある。た

とえば、要件抽出をするときに不足していることや不明瞭な要件が減るため、開発の手戻り抑制ができることなどがある。加えて、次のような戦略的効果を発現させることも忘れてはならない。

・設計コスト見積りの精度を上げる

要件を仕様や機能、条件にまで具体化することで、設計の検討精度を向上できる。これにより既存の仕様からの変更点や技術的な難易度がより明確になり、材料費や設計工数などのコスト見積りの精度向上につながる。

要件をモジュール化できる設計にする

モジュール化（機能的に独立した複数の構成要素を組み合わせて製品を構築すること）を進めている企業も多いが、その場合、大きく二つのアプローチがある。

①既存の部品バリエーションの見直しをする

②ニーズからの要件を前提とするアプローチをする

である。①は既存構成を維持したまま見直すため、将来的な要求、要件の変化を予測しがたく、「固定／変動の切り分け」（製品が変わっても、変更せずに共通で使用可能な固定的な部品なのか、製品が変わったら、その都度、変更して使用する変動的な部品なのか）を見誤る可能性がある。一方、②では、要件にまず着目し、どの要件が変えやすいのか、もしくは固定できるかを見極める。そして、固定できる要件に紐づく実現手段は固定モジュール（組み換えしやすく機能的に独立した構成単位）として設計する。変動する要件に紐づく実現手段はバリエーションを持たせた変動モジュールとして設計する。

このように長期的に利用することが可能なモジュールを開発することができるようになる。製品にはライフサイクルがあるが、モジュール設計により、その製品シリーズにおいて長期にわたり、コスト面や機能差異性の観点から他社より競争優位を生むわけだ。

再現性があるものづくり

製品開発の一連の流れである「要件化」「具現化」「検証」で行う各部門の思考プロセスを可視化する。可視化したプロセスを組織全体でアップデートし続けていくことが、再現性があるものづくりを実現する第一歩となる。

・思考プロセスを可視化して、共通言語をつくる

製品開発では、要求情報から製品という実体ができあがるまでの要件・機能・部品・製法などさまざまな情報が存在する。情報は各部門で検討・判断・加工され、最終的に図面（製品の機能や構成を描いたもので、後工程の生産工程や設備の検討においても参照される書類）として統合される。

一連の検討・判断・加工という思考のプロセスを可視化し、共有できれば「何をやるのか？　なぜやるのか？」を相手部門の言葉で語ることができる。こうして精度が高い共通言語が生まれる。これは再現性あるものづくりを実現するために、最も重要なポイントとなる。

・組織全体の施策を統合する

競争の激しい今日、従来の思考を続けているだけでは世の中から取り残されてしまう。たとえば、「製品性能向上」「製造不良削減」「調達リードタイム短縮」などは、どの企業でも取り組んでいるだろう。しかし、これだけでは足りない。

これらを機能させるには、組織間で「何をやるのか？　なぜ、やるのか？」をきちんと明確化し、組織全体の施策として統合する必要がある。要するに実現のために押さえておきたい他部門の施策について理解し、自部門の思考プロセスに取り込むことで、組織としての思考プロセスをアップデートできる。

ものづくりの助けになる開発手法「ＱＦＤ」

これらのポイントを実現するうえでは、品質機能展開と呼ばれる設計手法ＱＦＤ（Quality Function Deployment）が有効だ。ＱＦＤとは、日本で開発された管理技法で、開発に関連する各要素間の関係性をマトリクスで整理する手法である（図表２－２）。

かみ砕いて説明すると、顧客の要望、期待に対してどうすれば技術的に実現できるかを明らかにする方法のことだ。

イメージの仕方が大雑把に思えるかもしれないが、たとえば、顧客要求である「速い車がよい」➡それを実現する製品仕様としての「最高時速」➡その仕様を実現するための構成部品「エンジン」といったように関連性のあるものをマトリクス上の○で整理していく。

これを用いて顧客要求を満足するために製品化要件を設定し、実現に必要な機能、構成

図表2−2　品質機能展開(QFD)のイメージ

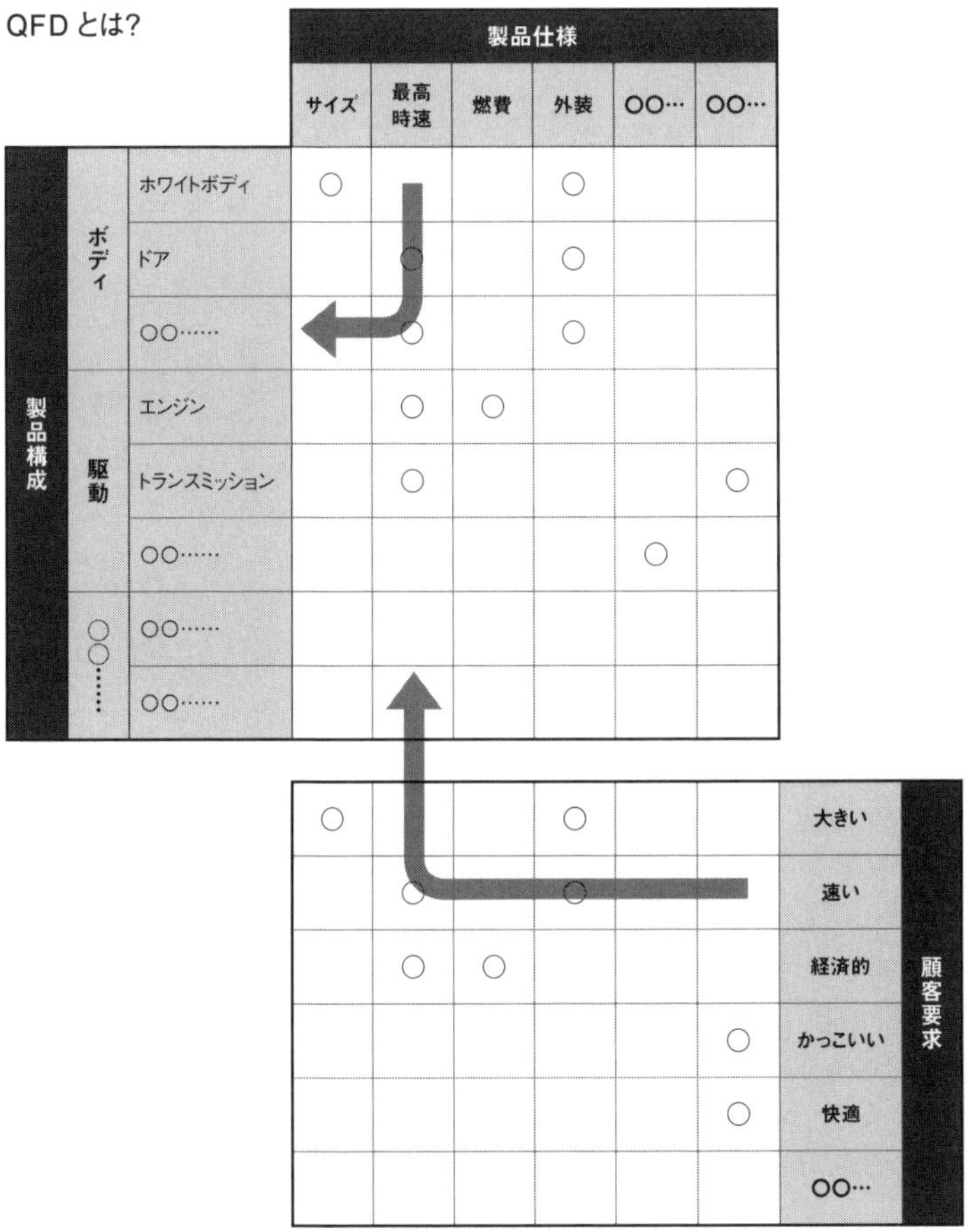

部品の順に開発情報を紐づけし、後工程にも展開していくわけだ（図表2－3）。

・顧客要求から製品化までの情報をトレースする

具体的には顧客要求から要件、機能、構成部品に至る製品化に必要な情報をマトリクスで紐づける。この紐づけによって顧客要求からどのような要件が定義され、実現手段としてどのような機能や部品、工程が必要なのか、各情報間の関連づけが明らかとなる。

こうして関連づけられた情報をたどることで、顧客要求を実現できる製品構成なのか、その製品をつくれる工程なのかといったことを一つひとつ確認できる。つまり、QFDを用いて情報の流れをトレースすることで、思考プロセスが可視化できるわけだ。

・他部門との連携を図る

QFDを作成すると、1個の構成部品が複数の機能や要件と紐づくことがある。たとえば、ある装置の筐体《きょうたい》（フレームを含めた外装）の要件として強度と軽量化の両立に迫られ、新設計を適用するような場合である。設計を担当する開発部門の内部について、その要件だけを考えていると、他部門の要件に向けた実現が疎《おろそ》かになりがちだ。

図表2−3　製品化情報とQFDの関係

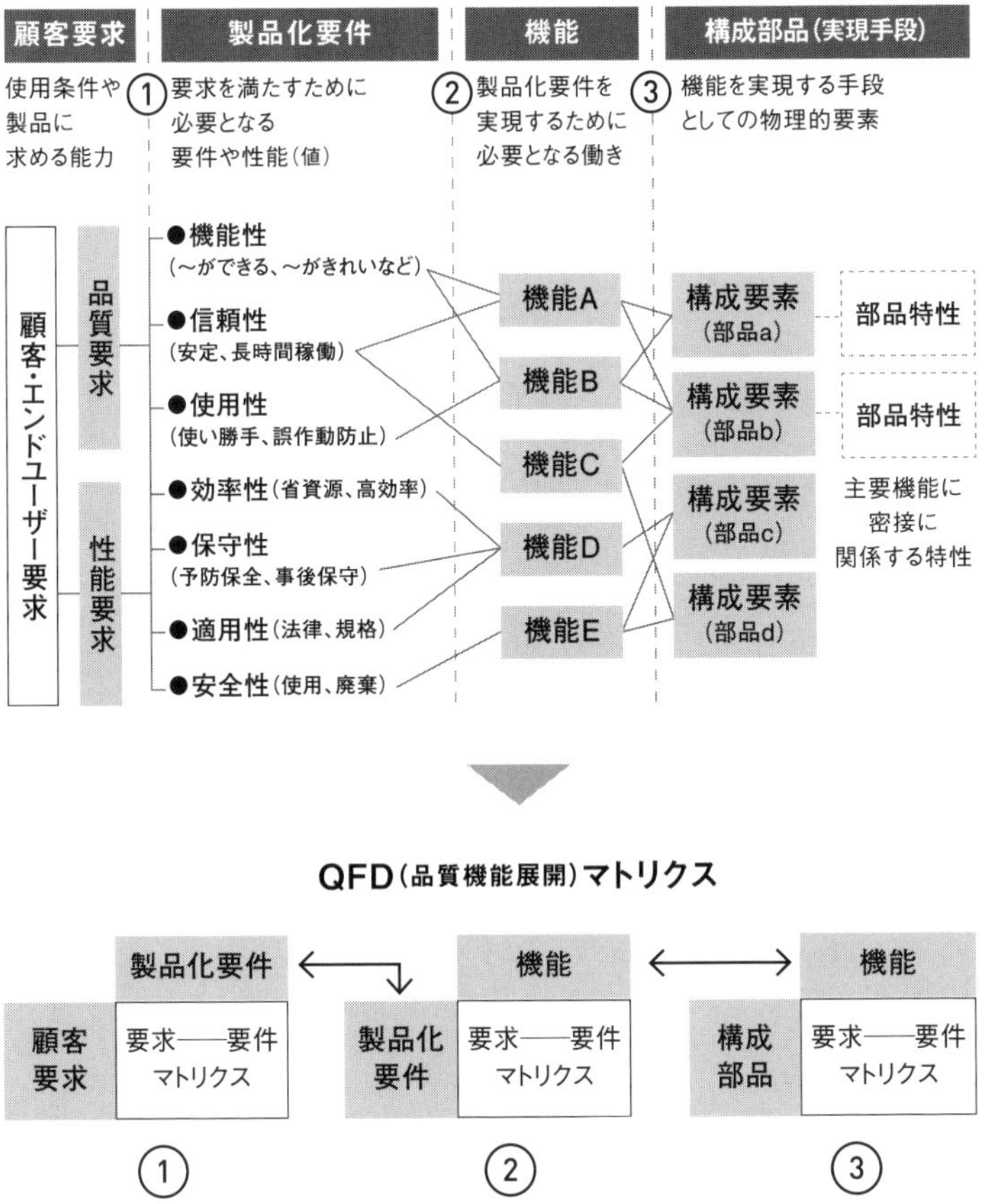

顧客要求から製品機能・構成までのトレーサビリティの確立

そこでＱＦＤを用いて相反関係にある要件、機能、構成部品を抽出する。つまり、新設計によって生じる他の要件への影響を解析し、他部門と連携し、解決すべきポイントを明確化することができれば、自ずと「何をやるのか？　なぜやるのか？」を明確に伝え合うことができる。

失敗の再発防止に役立てる

製品開発を繰り返していると、計画通りに製品開発が終了しないことが少なくない。たとえば、材料費が計画以上に発生しているにもかかわらず製品化してしまう。または、品質問題が発生してしまい、大幅に納期遅延してしまう場合などである。このような過去の失敗事例に対して、ＱＦＤを次のように活用すると効果的だろう（図表２－４）。

・設計段階からコストを追求する

ＱＦＤの部門間の関連情報の対象となっているものの履歴や所在を追跡するトレースを可能とする機能（トレーサビリティ）の活用として、製品化に必要な技術情報を紐づけることは多くある。だが、コスト情報とは紐づけないことがある。実はコスト競争で優位に立つためには、設計段階から積極的なコストダウンに取り組まなければならない。そのためには調達部門の「調達コスト低減施策」と「各部品のコスト情報」を部品表に紐づけして、連携させる。

QFD内の部品情報から部品表内にあるコスト情報を検索して、原価算出に利用するわけだ。調達部門がサプライヤーから入手した部品特性も同時に紐づけられれば、設計部門が部品使用可否の検証に必要な情報をタイムリーに共有することができる。

・事前に不良発生要因を検証する

QFDでは、顧客要求や構成部品などが変更になった場合、変更によって生じる影響が、

図表2−4　QFDによるマトリクス連携イメージ

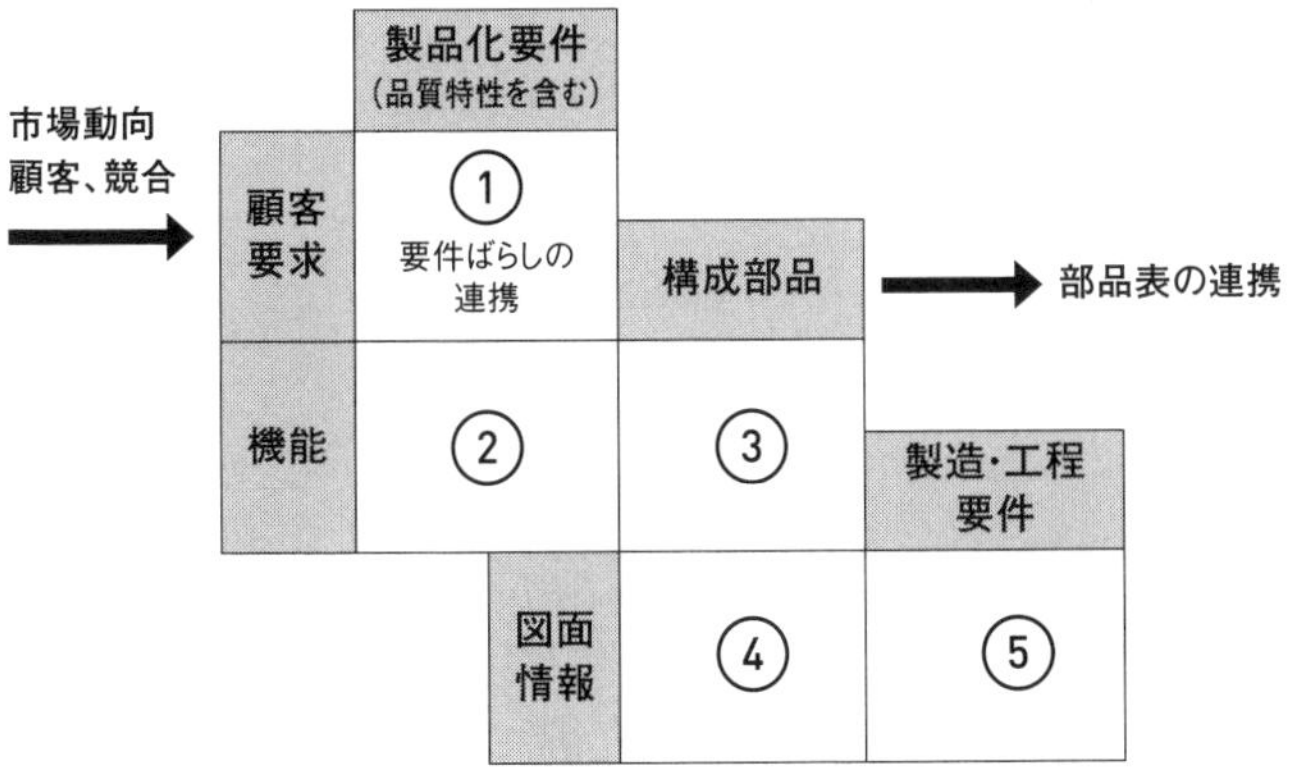

どこまでおよぶのかをマトリクス上で追跡することができる。

しかし、変更にともなう影響は、他の部品や機能への影響だけではない。製造工程の組立や加工にも影響がでることもよくある。この場合、構成部品が含まれる図面情報と製造工程表と連携し、組立手順や加工方法への影響を分析する。

こうすることで耐久性を上げるために、ある部品の形状を変えたところ、加工時間が延びて製造コストが上がったなどといった製造工程への影響も考慮した検討ができるようになる。

再現性を上げて開発力を強化する

ＱＦＤのトレーサビリティは、顧客要求から製品の具現化・検証プロセスを可視化することで、組織として連携すべき点を明確化できることが特徴だ。しかし、実際にＱＦＤをトライしてみると、扱う情報が膨らみすぎたり、紐づく関係が複雑になりすぎたり、作成することが大変なことに気づくだろう。

言い換えれば、これほど複雑な関係にある開発情報は、特定の担当者の頭の中にしか存在しない。つまり、人に依存したものづくりになっている。今後、より複雑化する製品開発をするときに、特定の人に依存し、開発を続けていくのは、もはや限界だろう。

個人の限界を超えるためには、ものづくりの具現化・検証に組織全体の活動として取り組まなければならず、それはボトムアップでは到底成しえない。また、QFDは製品開発時の可視化手法として有用だが、しょせんは道具にすぎない。道具を使いこなすために新しい仕事の仕方をしなくてはならない。つまり、QFDという道具を活かすためにも、トップの関与と指導が必要である。

収益ありきで「原価企画」を考える

要件ばらし、QFDといったバリューチェーンを横断してものづくりを行うときに重要となる「要件レベルでの可視化」の重要性について整理してきた。しかし、部門横断で優れた製品を企画し、量産化されたとして、その製品で稼ぐことができなければ意味がない。実際に、これらの開発力を収益力に転換する原価企画について紹介しよう。

製品の原価は、開発・設計段階で8割が決まってしまう。つまり、一度設計をし、つくりはじめた製品の原価は、簡単にコントロールできない。

日本企業は原価企画をするのが、苦手である。原価企画とは、特定の原価目標を設定し、その達成に向けて取り組む、初期段階からの活動である。開発では商品性や目標性能が利益のつくりこみより優先され、数多くを自前主義で個別設計した結果、目標原価は未達成となり、原価低減の申し送りの事項となる。企画の大半は蓋を開ければ目標未達の場合が多い。

そこで重要となる取り組みが原価企画であり、企画・開発段階から収益性を考慮し、原価を能動的につくりこんでいくのだ。

目標原価を設定する

原価企画として議論の発射台となる目標原価の設定は、非常に重要だ。目標原価を設定する際に重要な二つのポイントについて説明しよう。

一つめは、「事業目標との関係性の明確化」である。原価企画を行う製品の目標利益が事業優先度として高い位置づけにあるかどうかだ。もし、高い位置づけにある場合、目標原価の達成度が下振れすれば、事業インパクトとして影響を大きく与えることになり、戦略シナリオの見直しも迫られる。事業の根幹に影響が少ないトライアル的な位置づけの製品であれば、どの程度の収益目標が現実的かといったシナリオで検証する形になる。

二つめは、「前提条件の明確化」である。目標原価を設定して達成する際の前提条件を明らかにし、原価企画でコストを積み上げた結果、目標未達であれば目標原価設定時の前提を見直す必要がある。その前提とは、製品の性能や仕様である場合もあれば、販売や生産の台数などであり、戦略のシナリオを変更する必要性がでてくることもある。

「事業数値」と「目標利益」の関係性と前提が明らかになれば、予想販売価格から目標利益を差し引き、目標原価を算出する。算出された目標原価はあくまで売上に対して必要な利益を引いて算出した原価なので、その原価で本当につくれるのか。また、つくるためにはどうすべきかを検討するのが、原価企画の神髄である。

コスト査定力を磨く

目標原価が決まり、原価企画で原価をつくりこむために重要なのは、コストの査定力である。原価がなぜ高く（あるいは、安く）なったのか？　という問いに対して論理的に査定できなければ、どのようにコストを下げていくべきかの議論がはじまらない。

製品を構成する各部品や材料は、そのスペック（仕様）に対する実現手段を設計し、その実現手段（構造、形状）に対して生産方法が異なるつくり方、つくられ方によってコストが変わる。

さらには、買い方によっても売り手側のビジネス環境に大きな変化を与え、コストが変わる場合がある。生産方法によってはサプライヤーに設備投資がかかったり、数量規模によっては工場の稼働状況が変わったりするわけだ。

コストを査定して原価をつくりこむときにその部品は、「創り方（仕様をどのような手段で実現させるかといった設計の仕方）」「造り方（製品として加工、組み上げる製造の仕方）」「買い方（どのように買うのか）」のどこで工夫すべきか、三つの視点で考えることが非常に重要となる。

「創り方」で工夫すべきアイテムは、自前主義で開発を散漫に行うのではなく、経済性を考慮して変更しない部品、必要に応じて性能を上げて競争力を維持する部品など、部品のカテゴリーごとに方向性を明確にすることが重要になる。

「造り方」で工夫すべきアイテムは、生産効率を考慮した場合のバリエーション数や内外製、生産量の分散／集中、製造投資の有無などが重要になる。

「買い方」で競争力を上げるには、サプライチューン・マネジメントの観点や集中購買を伴う調達数量の統合、メーカーレイアウトなど、購買契約をからめたソリューションが重要になってくる。

達成に向けた「施策の実現性」を評価する

原価企画をやり切るには、検討した施策の実現性を評価し、対応の時間軸を検討し、適用時期や刈り取りなどの確度や効果を明らかにする必要がある。効果を刈り取る施策には、即効性の高いものと中長期の時間を有するもの。確度として低いものや高いものなど、さまざまである。

常に原価企画としての施策の進捗と積み上げ状況を把握し、目標原価の達成に向けた施策を積み上げ続け、評価し、実行に移す。その結果、当初の予定どおりに刈り取れたか否かを反映し、追加施策の必要性の有無を検討するというPDCAの継続が目標原価の達成には、必要不可欠となる。

KPIと収益性を判断する

原価企画を実行し、その収益性を評価する場合には、企画した製品の特長に合わせて収益性を判断するKPIを工夫する必要がある。製品ライフサイクルが短く、開発自体が経年におよばない製品などは期間損益、製品別損益で収益性の判断が可能である。

しかし、製品ライフサイクルが長く、開発が長期にわたる製品は量産までにかかった開発の費用や投資を見る必要があり、製品のライフサイクルコストで評価する必要が出てくる。製品単体でなくラインナップとしてビジネスを考えるのであれば、製品を束ねてラインナップ全体で収益性を担保する企画もある。

開発の初期工程に注力し、サイクルをまわす

部門横断での製品企画や原価企画は、開発工程の中間や下流で行っても意味がない。どのような製品をどのようにしてつくるのか、それを検討する上流で開発コンセプトを整合し、その案が競争力ある形で製品化できるように原価企画を行うことが重要だ。

これを実現するためには、フロントローディング（F／L）が必要になる。F／Lとは、文字どおり開発の初期工程（フロント）にリソースを集中（ローディング）することだ。

ここでは自動車部品を例に出すが、他のBtoBの製造業全般に当てはまるので参考にし

てもらいたい。

まず、自動車部品メーカーでは、次のような問題が発生することがある。

・部品の試作段階で重大な欠陥が見つかり、設計段階からやり直しをする

・量産開始の直前に部品の不具合が発生、構成部品の追加などでコストアップになる

・量産前後で工数がひっ迫すれば、次の機種／部門開発の開始も遅延する

このようなことが起こっていれば、到底、ここで稼ぐことはできない。ではなぜ、問題が起こってしまうのか。

問題の背景には、「仕様検討の開始タイミングの不調和」という構造がある。具体的には、自動車メーカーからサプライヤーへ部品コスト見積依頼書（ＲＦＱ：Request For Quotation）が発行されてからはじめて、サプライヤーが部品の詳細仕様検討を開始しているという時間軸が問題なのである。

図表２－５の通り、Ｆ／Ｌが未実施の場合、人的リソース投入は量産開始前後がピークになる。一方、Ｆ／Ｌ実施の場合、ＲＦＱ発行前後がピークとなり、量産開始直前にはリソースは相当に少なくなる。

Ｆ／Ｌ未実施の場合、量産時に多くのリソースが投入されるため、次に受注して製品企

画や先行開発をしなければならない案件に対して十分なリソースが投入されない。そのため開発上流の検討が甘く、量産付近で問題が発生するわけだ。その対応にリソースが消費され、また次の案件が上手くいかない、という負のサイクルが生じる。

逆に、F／Lでは見積依頼書までの発行に先立ち、自らの仕様を自動車メーカーに提案できる。サプライヤーは見積依頼書の発行前に開発部門のみでなく、全関連部門で部品仕様・製造方法を検討しておく。

自動車メーカーから部品仕様の提示を受ける前に、部品性能や仕様を提案する。提案した仕様の検証期間も確保できているため、開発が後手にまわることを回避できる。また、後工程における品質・納期も安定し、自動車メーカーの信頼という参入障壁を構築できるだろう。F／Lを起点として、こういった

図表2−5　人的リソース投入比較——F／L実施 vs F／L未実施

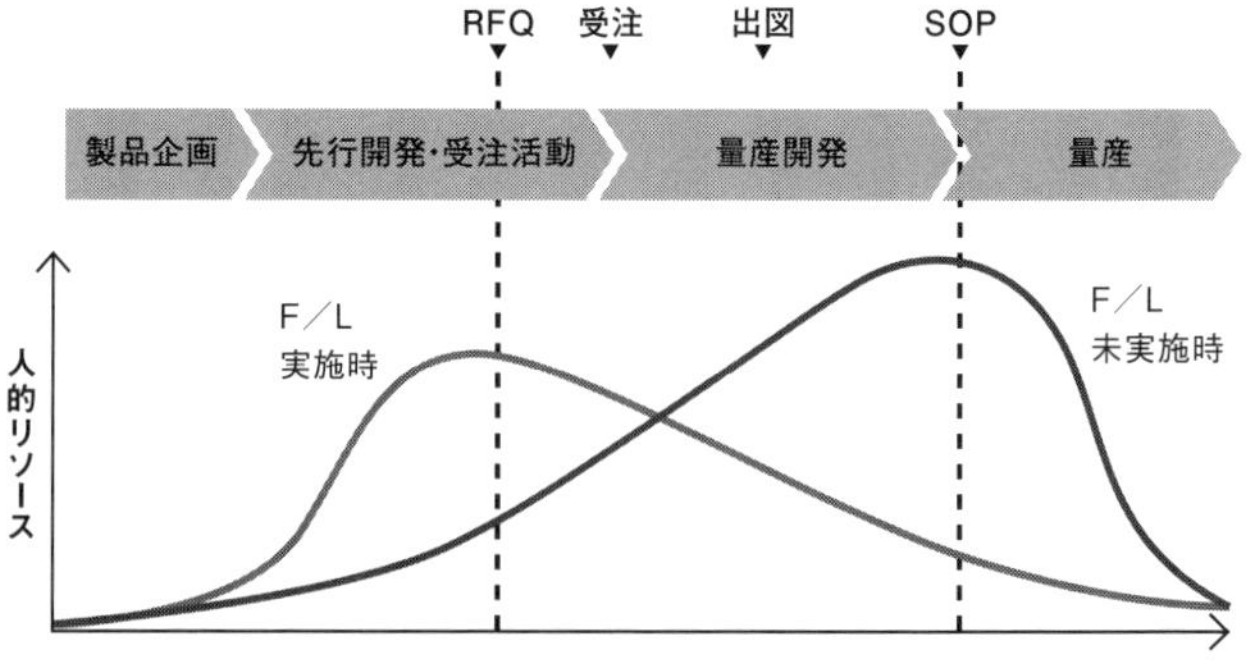

正のサイクルをまわすことになる。

どうすればリソース集中がうまくいくのか?

しかし、F／Lは、単に開発初期にリソースを集中するだけでは上手く機能するものではない。F／Lを実施しようとして頓挫したサプライヤーもいるので、そうならないためにもF／L実施のポイントを示したい。

中期的な視点の戦い方を考えよ

10年後も戦いに勝ち続けているには、市場や競合の動向および顧客ニーズの変化を調査、予測し、自社の強みを最大限に発揮できる戦い方を見つけることが肝要である。つまり、稼ぐための戦略策定をする必要がある。具体的には、部品や各部門のロードマップを描き、自動車メーカーへの見積依頼書の発行前の売り込み計画を策定することだ。

・経営と現場、レイヤー間の意思統一を考える

経営陣は、F／Lの実施の必要性をしっかり理解しなくてはいけない。実は、これを実

行しようとして頓挫したサプライヤーは、この経営陣の理解がない場合が多い。なぜなら、Ｆ／Ｌという組織行動の開始に伴い、短期的な経営上のマイナスインパクトもありえるからだ。それによって経営陣は取り組むことに関して尻込みしてしまう。

これはとても重要なので、具体的に説明しよう。

開発初期に人的リソースを集中しようとすると、前の機種が量産前後で工数ひっ迫のピークに達するためリソースを割けない。この状況でＦ／Ｌを実施するには、一時的にリソースを増加させるか、開発機種数を減少させるしかない。

負のサイクルを断つタイミングは、とても大事になるわけだが、ここでは短期的に売上、利益にネガティブに作用する可能性をはらむ。

しかし、中長期的に視点を移すと、Ｆ／Ｌの定着により手戻りや品質不具合が減少し、全体リソースを削減でき、新製品開発にリソースを割り当てることができるようになる。また、Ｆ／Ｌで自ら仕様提案することにより、顧客からの見積依頼書発行を待つことで逃していた機種を受注できるなど、売上高の向上にもつながるだろう。投入リソースに対するリターンの観点で、圧倒的な効率化がなされる。

繰り返しになるが経営陣がこれらを理解し、中長期的な視座に立ち、10年後のための変革の意思決定をすることがとても大事だ。いまの戦い方を続けるのか、10年後のために変革するのか、その決断が迫られる。

戦略を進化させ続ける組織風土をつくる

F／Lは、バリューチェーン横断の組織行動である。これには指示・命令系統を明確にするために部門間の利害調整をする、役員代行レベルの責任者を設定することが必要だ。開発の進捗にあたり、性能を求めようとすると品質が犠牲になる。コストを求めようとすると性能が犠牲になるといったトレードオフ、つまり、目的を達成するために別の何かを犠牲にしなければならない状況が発生する。

一般的に性能、品質、コストの責任部門は異なる。これらの部門について組織上は並列なことが多いので、なかなか部門間で意思が統一できず、QCD（品質、コスト、納期）の最適化を図ることは困難になる。そこで、QCDの最適化、要は部門間の利害調整に責任を持つ役割・組織の設置が必要になってくる。

F／Lを実施した後に、活動結果を振り返り、顧客の最新情報を入手し、各種ロードマップ、経営へのインパクトを更新することも不可欠だ。実際に実施中は、見積依頼書の発行前に検討していた仕様が不十分であることによる一部の仕様変更、スケジュールの遅延、顧客情報（開発日程、機種展開計画など）の変更と、さまざまな事故が起きる。そのため自社と顧客の最新情報を基に、自社の活動を適応させる運用、すなわちＰＤＣＡをまわすことになる。このＰＤＣＡの実践がＦ／Ｌをスムーズに実行し、成果を出すために重要となる。

【工場改革】

工場が強ければこそ収益は上がる

ものづくり企業として、必ず押さえておきたいことがある。最後は量産を担っている工場が強くなければ収益性をつくれないということだ。

工場としての競争力を高めるためには、工程設計や製品を生産するために部品を内製するのか、外注するのかの内外製判断、どこに拠点を置くのかのSCM設計、あるいは海外拠点の運営そのものなど、多様な能力が必要とされる。そして、それらを支える現場力の基礎としての作業標準、原価の見える化、人材育成など地味に思えるかもしれないが、本質的な取り組みの蓄積が、競争力がある工場には必要である。

ところで、工場というと何をイメージするのだろうか。

機械や設備、作業者といった製造現場のシーン、間接スタッフでも統一の作業着、朝会での安全原則の呼称、指差し確認などの所作、人によっては自動化が進み、ロボットが動いている無人の場所を想像するかもしれない。

どのような形態であれ、工場が担う経営機能は一つだけだ。それは製品として求められる品質、費用、納期のＱＣＤを生産として継続的に実現することである。そんなことか、と思うかもしれないが、「工場という資産」の戦略的な意味合いは大きい。量産という行為が「継続的」にできないことには、ものづくり企業は成り立たないためである。ものづくり企業の実行という局面において、強い工場は不可欠なのだ。

さらに、工場はＥＣＭ（エンジニアリングチェーンマネジメント）とＳＣＭ（サプライチェーンマネジメント）の交点でもある。ＥＣＭとは、製品企画や開発、設計といったどういう価値を提供するのかを決め、一方、ＳＣＭは営業、生産計画、調達、実際の生産といった価値の提供方法を決める。この二つの仕事の交点が工場である。

これはとても複雑だ。上流の開発や設計からどのような製品をどういう仕様で、どんなコスト構造でつくりたいのかという要件と、それを実際に行う設備などの物理的制約、人員のスキルや技術伝承、サプライヤーのＱＣＤ、工程全体を通した品質保証体系など多岐にわたる要素がある。「強い工場運営は一日にしてならず」なのである。

そこでここでは、「工場として競争力を構成するもの」について解説していくことにしよう。その全体像を次のページの図表2－6にまとめてみた。これは、東京大学大学院教授の藤本隆宏氏の「日本のもの造り組織能力とパフォーマンス」という概念を基にしている。

利益を出すには、価格や納期といった表面に出てきた競争力が必要で、その裏の競争力として生産性やLT（Lead Time：発注から納品までに必要な時間）がある。そしてこれらを一度できただけではなく、継続的に行うことができる組織能力を左端に定義している。これらを実現するための要素は、特段珍しいものはない。生産計画や在庫管理といった業務であるが、くわしくは関連書籍などを参照してもらいたい。

ここでは工場が自身で改善のPDCAをまわせるようになるために必要な基礎力と生産拡大に向けた「生産の量と質の向上」を目指すうえで、重要となる応用力について説明することにしよう。

強い工場は「見える化」「標準化」を徹底させている

私たちは多くの工場を現場で見てきたが、強い工場は規模にかかわらず自社工場で改善

図表2−6　工場機能を強くする基礎と応用

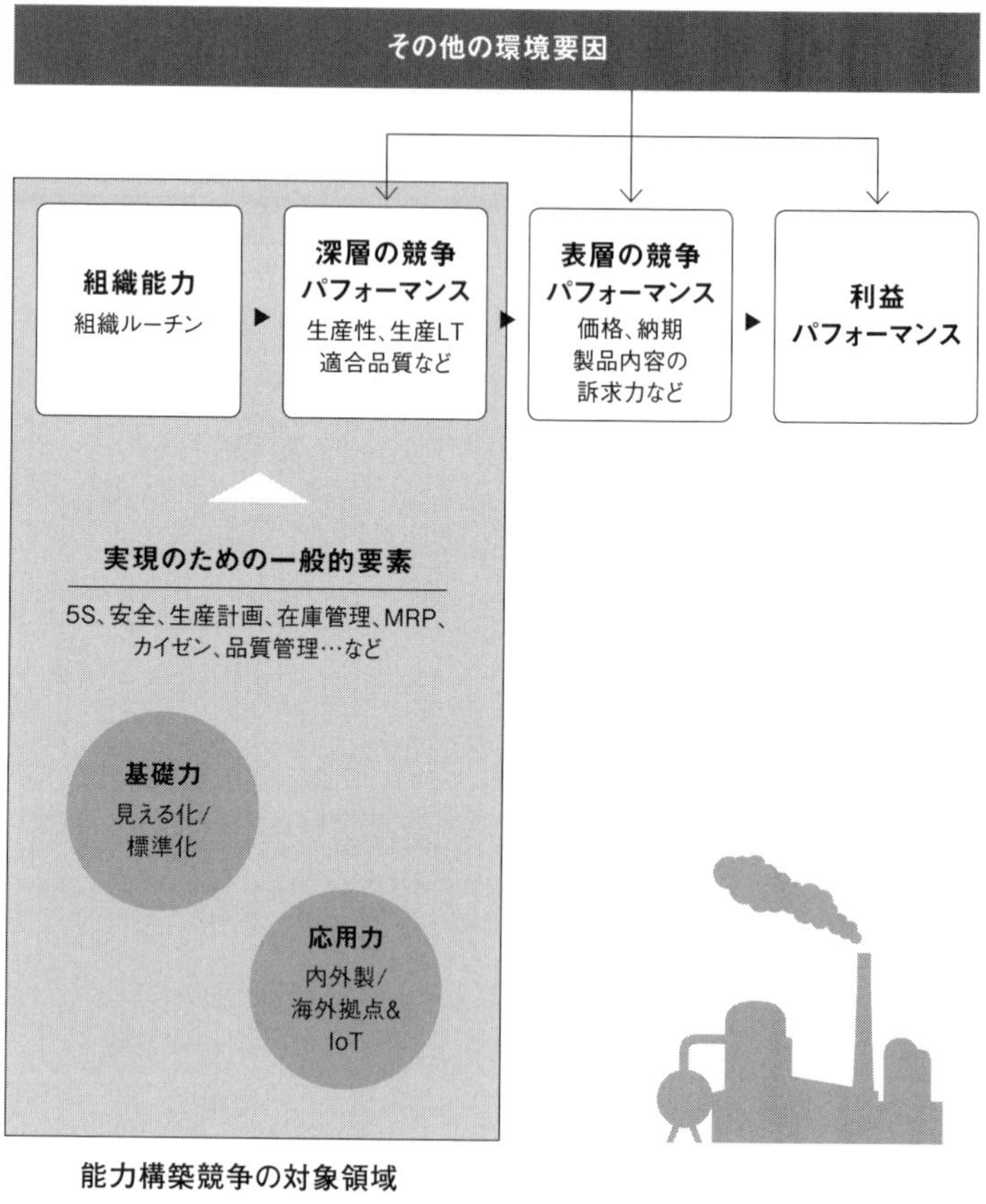

出所：「生産マネジメント入門」を基にIGPI作成

のＰＤＣＡが組織的に機能している共通点がある。

なぜ、現場での改善が機能するかというところを突き詰めていくと、「見える化」「標準化」を徹底していることに尽きる。まずは管理できるように見える化し、組織的に業務をこなせるように標準化するのである。

工場の見える化には、大きく2種類の見える化がある。「経営の見える化」「業務の見える化」である。

「経営の見える化」では、原価の見える化や工程別採算の見える化などの工場を経営視点でとらえた見える化が主となるが、ここでは原価の見える化について触れていこう。

「業務の見える化」には、パレート図や特性要因図などＱＣ７つ道具のようなＱＣＤの見える化や生産管理板のような生産管理の見える化、４Ｍや工程での具体作業を見える化する作業標準（作業手順書）などが存在する。これらの業務は標準化し、組織的にまわせるようになることで、現場の能動的な改善活動が可能になる。その標準化の重要性について、ここでは整理してみよう。

最初のステップ——原価を見える化する

私たちのような経営コンサルタントが事業や拠点の改革をするときに、最初にすることは何か？

原価データの収集と分析だ。何が儲かったのか、儲からなかったのか。どの工場やラインは稼いでいて、どこが稼げてないのか。どの工程を外注化して何を内製化するべきか。これらを考えるときは当たり前だが、原価の見える化が不可欠である。原価の見える化ができているからこそ、それを起点に効果的な原価削減活動が展開でき、前述した原価企画といった高次の事業管理もできるからである。ここでは原価管理の基本について、概略を述べたい。そのポイントは二つある。

一つめは、原価管理をする目的を明確にすることだ。目的が明確になっていれば、何を、どんな粒度で管理するべきかが定義できる。事業特性や製品特性などから何を重点的に管理すべきか導出される。その考察がなく、いろいろな切り口で見られるようにしても本質的ではない。

たとえば、部品メーカーで繰り返し大量生産、労働集約な工程に取り組む場合、当然ながら直接人件費が肝である。さらには人員の稼働率、その稼働の中で実際に付加価値を生んだ時間の比率（付加価値率）などが重点管理項目だろう。

二つめは、多くの企業で原価算出をするときにコストを割り振る配賦計算を多用している。原価には一部の費目で実際の数字ではなく、何かの基準で配賦計算しているものがある。つまり、複数の製品にばらまき計算をしているわけだ。これは一概に悪いわけではない。しかし、売上高などを基準に一定の比率で配賦しようとすると、製品ごとで実際に発生した費目の割合とは異なるという理由から製品や工程の実態を無視することにもなりかねない。

これらの事業特性や製品特性を考慮して配賦するのか、費用を直接、製造するモノの原価とする直課にして見えるようにするか、きちんと考える必要がある。

しかし、ここから先はよくわからないため「これくらいの割合で配賦する」と決めて終わりにすることがある。あるいは、よかれと思って、製品や事業間の配賦に恣意的な調整を入れるわけだが（いわゆる、鉛筆をなめる感覚）、それが余計にわからなくしていることもある。配賦するということは、その費目のコントロールをしないことを意思決定するとも言える。これは覚えておいてもらいたい。

自分たちが「稼げるパターン」を知る

原価の見える化を進めると、自社がどのようなときによく稼げているのか、わかるようになる。多くの場合、製品や案件ごとの売価はわかっている。そのため原価と売価を合わせて、製品別や案件別の営業利益がわかるようになる。それをパレート図として並べると、よく稼げている製品・案件と、稼げていない製品・案件が見えてくる（図表2－7）。

そのときに、いままでなぜ稼げていたのか。つまり、自社の得意パターンは何か。逆に、稼げてないのなら、なぜ自社が不得意なのか。それは顧客起因の特殊要件なのか。特定の工程が関連する製品なのか。ここをきちんと整理することが今後、何を強めるべきかという考察につながっていく。この見える化をしないと、改善活動などを展開しても、それが当たっているのかどうか、そこがわからないままだ。

ものづくりが強い企業は作業標準を決めている

次に、基礎力として作業標準について触れたい。強い製造現場が必ずやっていることがある。それは当たり前のことを愚直に「継続・徹底している」ことだ。製造業はいわゆる

図表2−7　収益性パターンと検討すべき論点

営業利益の全体像　　**概要**　　**主な論点**

大型赤黒

概要
- 黒字は一定数存在
- しかし、一部の大型赤字が黒字を帳消し
- 設備やプラントなど案件規模が大きい会社に多い

主な論点
- 受注戦略の見直し（赤字案件の抑制）※投資案件という名目で赤字が許容されている
- 勝ちパターンの横展開

全体的に微赤

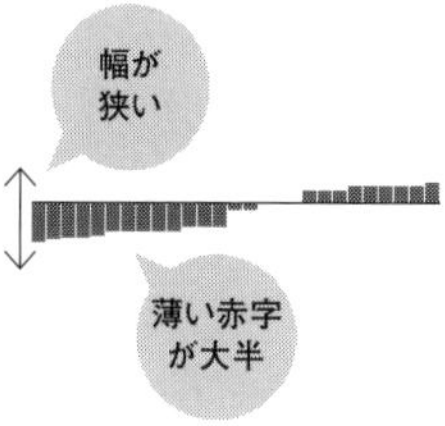

概要
- 大勝ちも、大負けもない
- 一方、全体的に収益性が悪く、赤字体質
- 自動車部品など、業界構造的に弱い会社に多い

主な論点
- 変動費を中心としたコストダウンの徹底
- 必要により、構造改革の検討

全敗

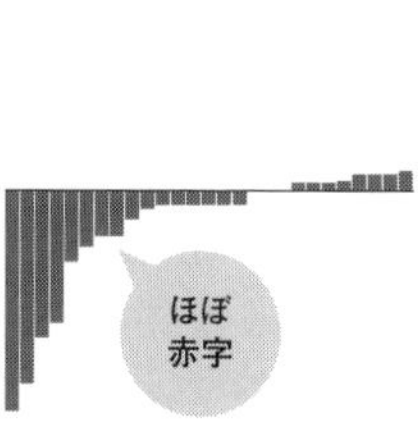

概要
- 黒字製品が少なく、多くの製品が赤字
- 新規事業やスタートアップの状況の会社が多い

主な論点
- （新規・スタートアップ）単月／累積黒字化の早期化など収益性管理
- （その他）構造改革を含めたコストダウンおよび事業撤退

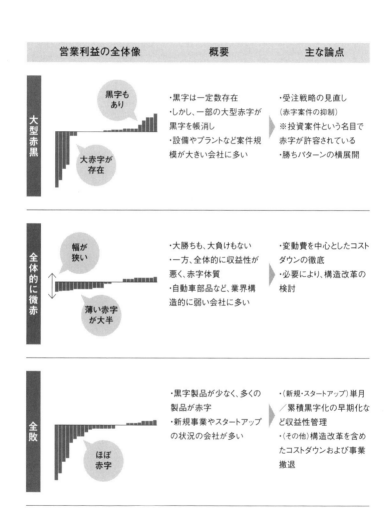

ＱＣＤを守ることで競争力が生まれる。その根底にあるものが、「良い製品を、安く、納期どおりに、必要な数を安全に生産するやり方を規定したもの」、すなわち作業標準を決めることである。

これは「作業標準の徹底が、強いものづくり企業の基本」と言ってもいい。作業標準のつくり方自体は、マニュアル本を参照してもらうとして、ここではその考え方について整理していきたい。

問題ある製造現場で起こっている共通点とは？

多くの問題がある工場では、

①作業手順書の記載が曖昧である

②作業手順書の改訂を10年前に行った

③作業手順書が所定の場所にない

④作業手順書自体が存在しない

こうした現実がある。そのため仕事の手順が、作業者任せになっているケースがある。このような状況下でいくら改善しようとしても、「問題の真因を突き詰める」ことは困難

図表2−8　作業標準が未徹底な現場で起こっていること

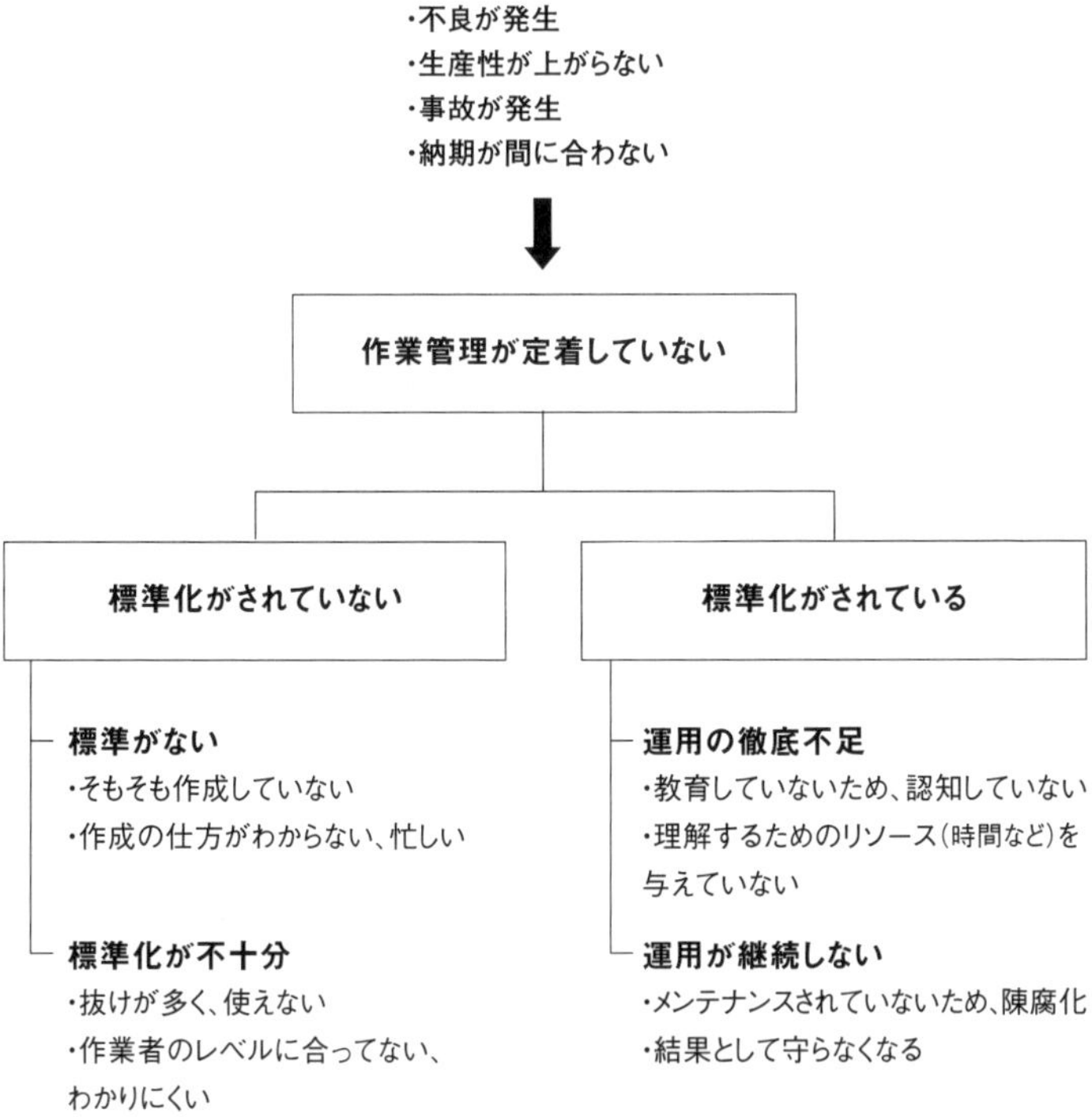
・不良が発生
・生産性が上がらない
・事故が発生
・納期が間に合わない
作業管理が定着していない
標準化がされていない
標準化がされている
標準がない
・そもそも作成していない
・作成の仕方がわからない、忙しい
標準化が不十分
・抜けが多く、使えない
・作業者のレベルに合ってない、わかりにくい
運用の徹底不足
・教育していないため、認知していない
・理解するためのリソース（時間など）を与えていない
運用が継続しない
・メンテナンスされていないため、陳腐化
・結果として守らなくなる

であろう。まるでモグラたたきをやっているようなものである。

では、作業が標準化され、遵守されていればどうだろう？

多岐にわたる問題の原因も、ある程度は予測できるようになる。「作業が作業者任せ」の属人的だと思いもよらない事象が発生し、その不良解決を担当する人間は、その作業者がどのように作業をしたかについて調べず、経験と限られた情報による憶測で対策を打つことに留まる。これでは真の原因に届くはずはない。

また、配置変更などにより作業者が変わったり、夜勤の作業者の作業方法にばらつきがあったりと、同じ不良でも対策がそれぞれの状況によって異なってくる。一方、作業者に標準を遵守させ、それで問題が発生した場合は、作業標準との比較で何が原因だったのか把握することでとるべき対策は想定しやすくなる。作業標準とは、その工場組織が蓄積した知見を作業プロセスとして表現したものであり、組織的に品質をコントロールする土台となる。地味だが、本質的な取り組みだ。

品質やコスト面で問題を抱える多くの企業・工場では、この作業標準に関する認識が低く、その徹底もされていない。ましてや定着したと言える状態ではない。ただ単に作業内容を定型のフォーマットに記載しただけだったりする。

作業の標準化がされている場合でも、その徹底が十分に行き届かなければ、問題は発生する。癖になるくらいまで訓練・教育などで徹底させる必要があるわけだ。強い現場は作業標準を守ることが、ある意味、カルト的なまでに徹底されている。

しかし、作業標準の運用が徹底されていても、問題が発生する場合もある。作業標準自体に改善が必要なケースだ。そのため改訂などを行い、使い勝手の良い実践的な作業標準を作成する、このメンテナンス能力が強い現場の組織能力と言える。

形骸化した作業標準が作業のバラつきを生む

「度重なる不良」の原因が絞られたものの……

ここで一つ簡単な事例を紹介することにしよう。

電子部品を製造するA工場では、以前から突発的な品質問題があった。製品の構成上、製造工程が複雑で一度、加工ミスを起こすと手直しできず廃棄となる。そのため廃棄によるコスト上昇、やり直しが生じることがあり、他のラインをその製品のために空けることによって生産性の低下、時間外勤務が発生していた。最悪の場合、納期遅れなど、さまざまな影響があった。そこで頻繁に加工ミスが発生していた穴あけ工程をモデルラインとして、課題に取り組んだ。

ここで特に問題となっていた不良は、

①誤った作業条件による加工ミス（誤った場所に穴あけ）

②ドリルカセット交換の忘れ

この二つだった。実はこれらの問題の要因は、同根だったのである。

①の問題は、加工指示書に記載されている10ケタ以上の数値とアルファベットを現場端末のテンキーとキーボードで入力して作業条件を呼び出す際に入力ミスが発生する、というものだった。これにより誤った作業条件にしたがって作業をしていたのである。

②の問題は穴あけ工程で1サイクルめが終わったときにドリルのカセット交換を忘れ、機械を始動させて1サイクルめのドリルビットで、2サイクルめを加工してしまうことだった。

状況を確認すると、この作業において作業標準はあるものの、ミスを防止する対策などの記載はなく、作業方法も三者三様のやり方だった。しかも作業者のほとんどが作業標準自体を見たことがなく（知らなかった、教育されていない）、それも実は20年以上前に作成された作業標準であり、陳腐化したものだったのである。

そこでA工場では、改めて作業標準を作成するところからはじめることにした。作成するときには過去に発生した問題（過去トラブル）を反映し、作業手順の各項目にトラブル未然防止のための「工程FMEA（Failure Mode and Effect Analysis：故障や不具合の防止をするために潜在的な故障について行う体系的な分析）」も並行して実施。確実に手順を完遂する作業方法を一つひとつ作成した。ここで潜在的な問題点を未然防止するしくみ、ポカヨケも導入、作業を間違わないような工夫もしたのである。

ここで重要視したのは、いまの仕事を実施している人が自分で意見を出すことだった。これによって目的をよく理解し、遵守の意識づけにもなった。結果として翌月から問題はゼロとなり完全に不良の封じこめができた。

ちなみに現場に話を聞くと、「手順を標準化し、簡素化を行い、間違いを起こさない作業手順により不良を発生することがなく、精神的にもラクになった」という感想もあった。

このA工場の事例からみる不良改善のポイントは、次のとおりである。
①作業標準を見直す
②過去のトラブル情報を活用する

③潜在的な問題点に対する未然防止をする
④誰もが理解できる作業標準にする
⑤作業者を作成段階から参画させ、作業標準を徹底する

実際にこれらを実践するにはさまざまな背景があり、実現が困難なことも多い。現場は日々発生する不良問題・機械故障対応などの目先の問題解決に多忙である。すべてに対応しようとすると、その場しのぎとなる。恒久対応を行わないため問題が再発、現場にはあきらめ感が出てしまうようになる。

これを打破するのは現場トップの使命だろう。トップが危機感を持ち、作業標準とその運用の重要性を説き続けることによって、地味で面倒な作業標準の運用をその現場の「型」「くせ」「信条」にまで昇華させることができる。

標準なしでは改善なし

強い現場や強固な組織をつくるには、日々継続して改善をまわしていかなければならない。作業標準は、まったく目新しいことではないが、工場管理の基礎・基本であり、強固なものにしなければならない。この考え方は、間接業務や設備保全、安全管理、事務作業

にも適用することができる。

改善を進めるうえでよく言われるのが、「標準なしでは改善なし」である。まずはもう一度、自社の作業標準を再確認し、改善することが問題の解決への第一歩なのだ。事業が軌道に乗ってくると製造業では、「工場で単位時間あたりに処理できる量を示す」スループットをいかに高めるかが重要になる。モノがつくれなければ売上が立たないからである。スループットを上げるには、つまり速く走るには強い足腰が必要だ。その足腰とは、作業標準などの基礎力にほかならない。

「内外製判断」と「外注化戦略」を再考する

国内での生産に限界が見えてくると、グローバルでの生産力を上げる必要が出る。自社工場の生産能力を上げる方法（設備や人員の拡大など）もあれば、外注メーカーと共闘していく方向性もある。その判断の入り口として内外製判断があり、外注化戦略や工場など製造設備や生産工程を丸ごと外部企業に委託するファブレス化、製品の設計や生産を請け負うＥＭＳ（の活用）など、アライアンスの取り方を検討し、海外拠点をどう運営していくべきかを検討することが重要だ。

ここではその応用編として、内外製判断と外注化戦略の基本と海外拠点を機能させるしかけについてIoTの観点をからめながら、海外拠点改革の肝を説明していこう。

工場において、生産能力拡大を自前ですべてをまかない、拡張していくと工場は無尽蔵に大きくなり、膨大な資本が必要となり、生産や管理も煩雑になる。そうならないためにも自社で生産すべき部品や工程はどこで、外注メーカーと共闘し、自社の生産能力をどう最大化すべきかを生産方針として明確にすることは非常に重要だ。

しかし、実際は次のようなことが起きていないだろうか？　それなりの投資をして生産効率の高い工程を追求するも、特定の工程を専業とした外注サプライヤーの方が高効率である。あるいは、コストを追求し、外注化へシフト、いつの間にか自社の生産技術レベルが低下。何度も内外製を入れ替えるため、サプライヤーも自社工場も混乱するなどだ。

これらは現状を是として生産現場をまわしている組織にありがちな事象だ。工場管理という観点でQCDを判断し、内外製判断をしている。しかし、生産戦略に軸がなく、中長期的視野で、生産方針を明確にして、どのような位置づけでその部品や工程を外注化するかが検討できていないのである。その結果、外注化が場当たり的な対応となり、上手く機能せず、なぜ外注化をしているのかわからない状態に陥る。

このような状態が起きないような内外製判断と外注化戦略について、どのような視点で考え、どういった検討が必要になるかを説明したい。

外注化戦略を立てる

内外製判断は生産としての生産方針（どの工程や技術を強めるかなど）、柔軟性／拡張性（変動に対する対応力など）、専用／汎用性（特定の製品種に特化するなど）、競争優位性（コスト、技術）などを合わせて考える。

まず、外製を考える部品や工程のＱＣＤ、スループット、品質の観点からどのような方針で外注化すべきかを検討する。そして生産方針として、外注化する部品や工程で重要視すべき点が何かを明確にして見極めるわけだ（図表２－９）。

内外製判断で戦略的に外注化すると決めた部品や工程については、どのようなサプライヤーからどのように買うのか。外注部品として重要になるＫＰＩは何なのかを明確にしていく。

たとえば、自社で加工できない特殊加工部品であれば、その加工技術進化の方向性が自

図表2−9　内外製判断をするプロセス

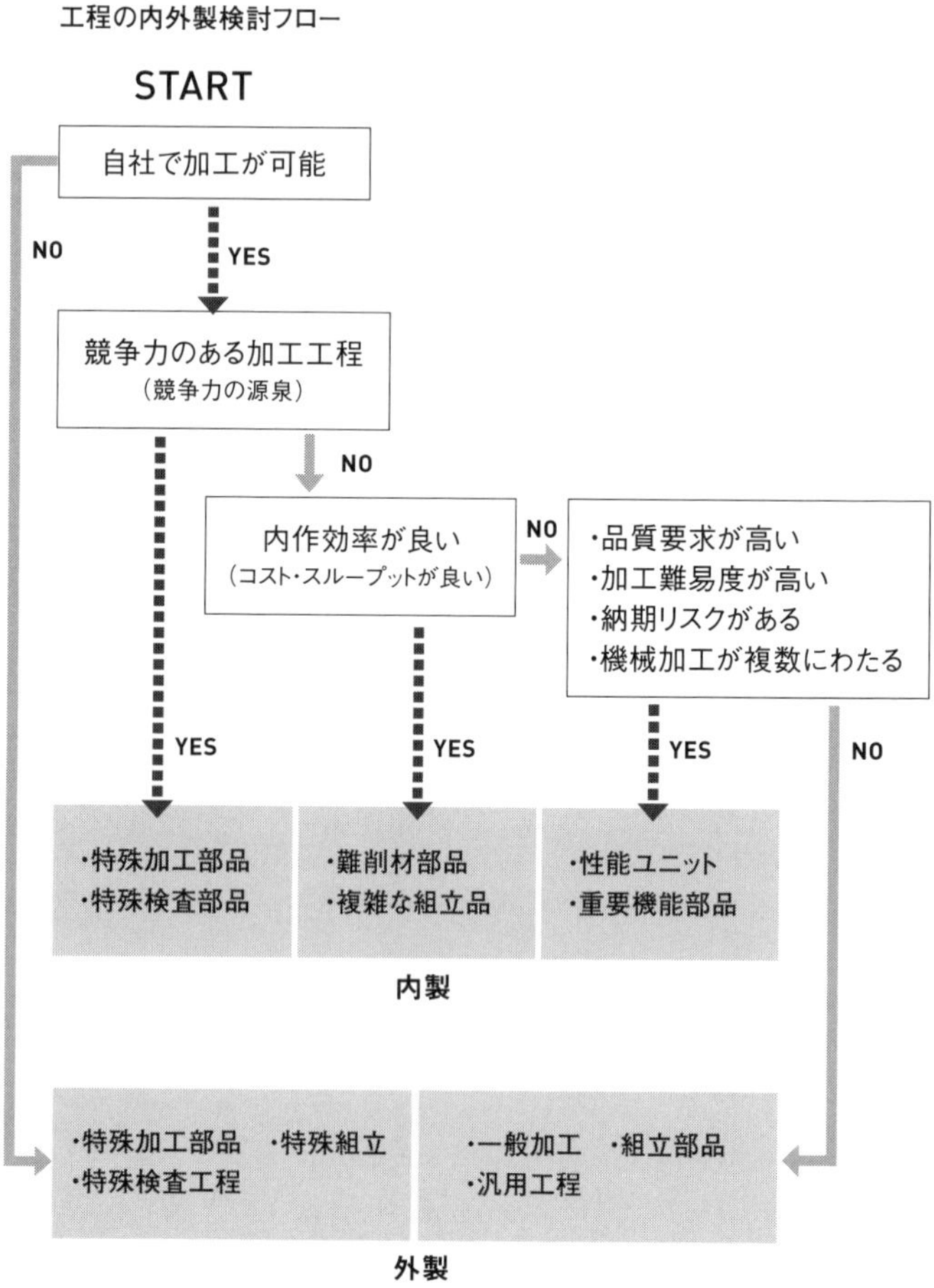

社の必要とする技術の方向性と合致しているかどうか、または、メインの生産ラインに対して安定供給が必要であれば、事業継続計画（ＢＣＰ：Business Continuity Plan）に対する方針を外注化戦略として明確にする。外注化戦略が明確になると、外注化するときの発注方針が見えてくる。つまり、110頁の図表2-10にあるような内容を実際に検討し、方針として決めていくのである。

外注化の発注方針に基づき、外注化内容に応じて対応可能な発注サプライヤー候補を複数社、選定する。サプライヤー評価では外注先として問題はないのか、さまざまな角度から評価する必要があるわけだ。その評価の視点は、与信や取引先比率、生産能力などがあるだろう。

外注化戦略を強化する

外注化を自社で能動的にコントロールするにはどうするのか。外注化する製品の「年間の総仕事量」に対し、サプライヤーの割り当ても含めて「サプライヤー計画」の策定が非常に重要になる。

こうした年間での大きな計画をもとに外注化をコントロールしていれば、計画的に生産

図表2−10　外注化発注方針イメージ

	検討内容
サプライヤー利用形態	外注する部品と特性から、どのような発注形態を取るか明確にする ■単一工程外注 ■部品一貫外注 ■組立SUB−ASSY外注、製品完成外注
コスト	外注化でかかる費用を明確にする ■材料単価（サプライヤー自給の場合） ■加工費（ST×加工賃率） ■輸送費用（立地条件）
技術	要求する技術レベルを明確にする ■加工可否（技術上の精度） ■固有の指定設備などによる加工・仕上がり ■固有の技術者の必要性
品質	要求する品質レベルを明確にする ■加工・仕上げの品質 ■品質の安定性 ■検査方法 ■管理方法（頻度、密度） ■品質管理の対応力
納期	納期対応力を明確にする ■調達・仕掛期間（LT） ■補修などの修正対応にかかる納期（LT） ■納期順守率

量を拡大するときや外注品目や外注工程を拡大するときでも、サプライヤーのキャパシティを含めて調整が可能になる。

内製化を含めて、この考え方を持つことが必要なのは、新たなサプライヤー候補を開拓しなければならないのかなど、次にとるべきアクションが明確になるからだ。ビジネスの動きに応じて、自社のみならず外注サプライヤーを含めて戦略的に動くことで、自社のビジネスに対する柔軟性（数量や製品構成の変化など）が、外注化戦略によって強化される。

見える化で海外拠点改革に立ち向かう

ＩｏＴは、ものづくりにおいて高いレベルで見える化し、設備稼働率や生産性を向上できるツールだ。しかし、さまざまな企業の取り組みを個別に見ていくと、単一の工場をターゲットとしているケースが多い。さらに対象の工場はもともと強く、強い工場をさらに強くする取り組みが多い。しかし、問題となるのは多くの場合は海外工場だ。最近は国内より海外の生産比率のほうが大きいだろうし、今後も海外生産は拡大するだろう。だが、海外工場は課題が多い。

「日本工場」と「海外工場」の落差を是正する

「ＱＣＤが想定通りに改善しない」「結局、日本人の駐在員頼みで現地人材が育たない」「育たないどころか、人材の流動性が高く定着化すらしない」と、日本の工場の現場力は強いのに、海外工場の期待に対して不足が多い構図は以前から変わらない。

日本の強い工場をどれだけＩｏＴで武装し、さらに強化しようとも、このままでは残念ながらグローバル全体で、ものづくり力は向上しない。日本企業は海外工場の運営能力の強化に対してこそ、ＩｏＴといった新しい技術を活用すべきなのである。

では、強い日本の工場と弱い海外工場の構図はどのように生まれるのか？

いくつかの要因が考えられる。よく見ていくと日本と海外での現場管理能力のスキルギャップが、一つの要因としてある。具体的には、

・限られた現場情報から問題の原因を特定できる、経験豊富な日本の現場管理者

・限られた現場情報では問題の原因を特定できない、海外の現場管理者

日本の工場内での現場情報の見える化レベルは高い。現場で発生している問題に気づくことができるというレベルだ。見える化された情報から、なぜその問題が発生したのか、

その原因を特定するには至らない。特にベテランとされる日本の現場管理者は発生した問題から豊富な経験と勘を駆使し、筋のよい仮説を立案・検証し、原因を特定できる高度なスキルがある。そのため限られた現場情報でも問題解決ができる。

一方、海外の現場管理者は、そのような高度なスキルを身につけていないことも多い。なぜならば海外の現場管理者は転職組も多く、人材の流動性も高く、日本のベテラン現場管理者レベルまで育成することが構造上、むずかしいからだ。このような構造的な要因を理解せず、日本のやり方をそのまま海外工場で踏襲し、海外の現場管理者に日本と同じレベルを期待しても、日本と海外の実力差は永遠に埋まらない（図表2－11）。

熟練工のノウハウをＩｏＴで工場運営に活かす

このように日本式の工場運営を海外工場に求めることができないとすると、別のやり方を考えるしかない。海外の現場管理者が限られた情報では原因特定できないのであれば、特定可能なレベルまで、現場情報収集レベルを引き上げればよい。

現場情報の高度な可視化はＩｏＴの十八番《おはこ》だろう。ＩｏＴによって工場内のさまざまな生産要素（Man, Machine, Material）の情報を取得することができる。つまり、収集できる

図表2−11　現場情報収集レベル&製造現場管理レベル

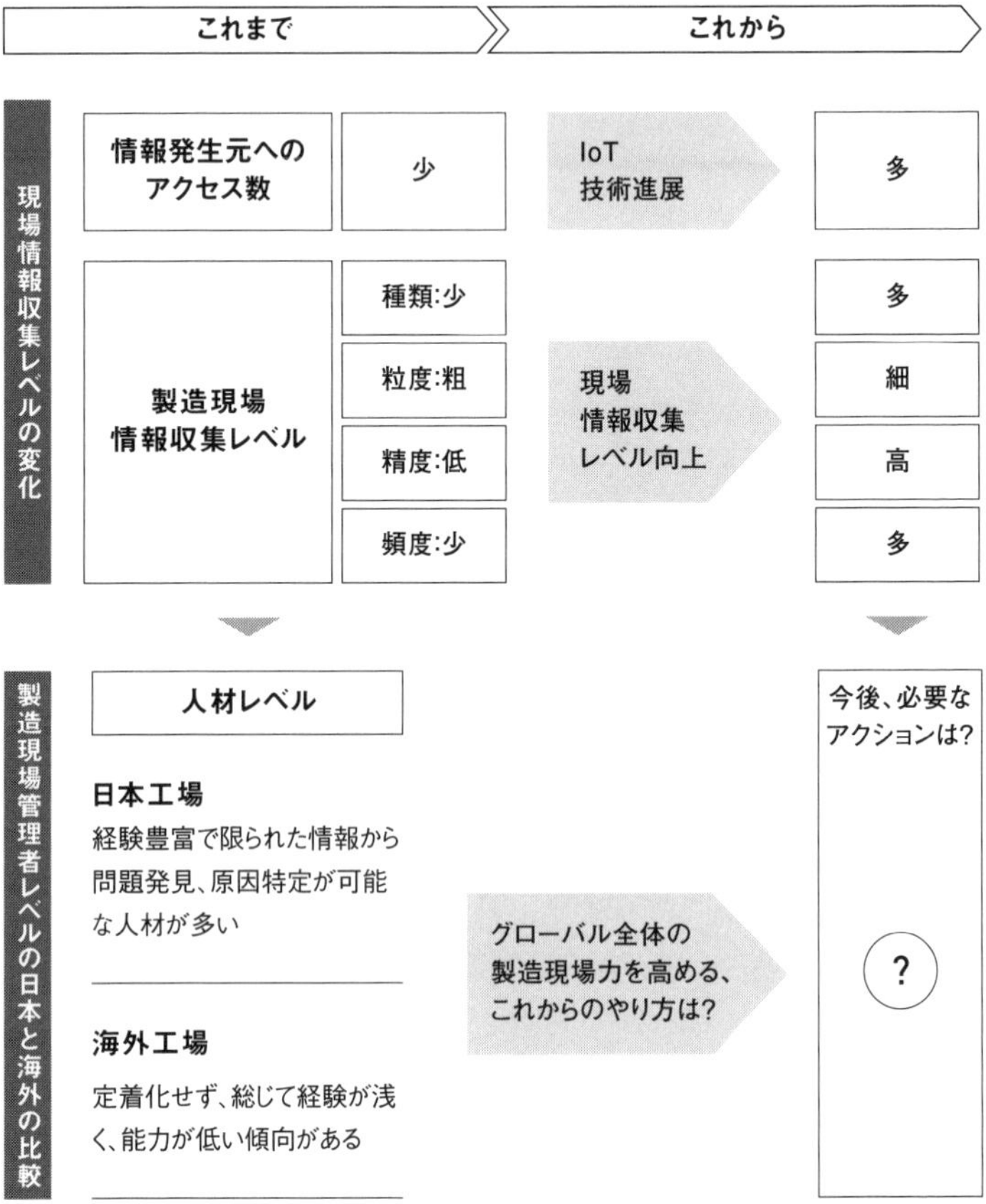

情報種を増やせる。また、日単位の平均値でしか取得できなかった情報が分単位で取れるなど、情報の粒度、頻度を上げることもできる。

こうなると、これまでは問題の発見、原因特定のための仮説立案のインプットに活用されていた現場情報を、問題（結果）とダイレクトにつなげることができる。

熟練工が取るアクションと、設備稼働データや品質データなどの製造現場情報との因果関係をＩｏＴにより紐づけしている企業がある。その企業はこれを「熟練工ノウハウの数値化」と呼んでいる。ポイントはこの「熟練工ノウハウの数値化」の結果をいかにグローバルで活用できるのかという点だ。

では、ＩｏＴにより現場情報収集レベルを向上させ、日本と海外工場の実力差を埋めるために何をすればよいか？

具体的には、四つのことが考えられる（図表2－12）。

①これまでと同様、日本の工場にて、能力の高い現場管理者を育成する

②ＩｏＴを駆使し、高レベルに現場情報を可視化できる仕組みを構築する

③①②を用い、現場の問題解決ノウハウを標準化する。ある問題に対して、①の人材が問題に対する原因を特定する。②により問題の情報と原因の情報を紐づけ、因果関

係を形式知化することで標準化する

④可視化の仕組み、標準化されたノウハウを海外工場に展開するロードマップを作成する

このときの①~③の取り組みのポイントは、日本の工場のような強い運営力を有する工場をモデル工場としつつも、海外工場への展開を前提として検討を行うことだ。海外工場への展開を前提とした取り組みにするためにも、④の展開ロードマップを検討することは重要となる。

複数の海外工場の実力値を勘案

図表2−12　これからの強い製造現場の条件

これまで	これから
■経験豊富で能力が高い人材の育成が可能	■これまでと同様、能力が高い現場の人材を日本工場で育成が可能
■能力が高い人材により、限られた現場情報から、問題発見・解決、カイゼンが可能	■高いレベルで現場情報を可視化できる仕組みが構築され、かつ海外工場へ展開が可能
	■能力が高い人材の現場ノウハウが可視化の仕組みと紐づけて標準化され、かつ海外工場へ展開可能
	■標準化されたノウハウの海外展開ロードマップが策定ずみ
ノウハウがブラックボックス化の傾向 グローバルにノウハウを展開できない	ポイントは最初から海外工場の展開を目的とした活動とし、 グローバルで活用・展開する

しながら展開の優先度、タイミングを明確化する。日本の工場運営力をＩｏＴで標準化し、海外展開するステップこそ、日本製造業がグローバル全体で工場運営力を強化できる有効な手段であろう。

［技術と事業のつなぎ］

勝てる事業領域をどうつくるのか？

メーカーとして力をつけるには、勝てない製品で頑張ってもしょうがない。いまは勝てているとしても、足元の案件をこなしているだけではやがて負ける。

要素技術、製品技術、生産技術、製造管理など、自社の強みを見極め、中長期的視点でどのような技術強化を進め、事業として戦っていくのか。市場トレンド、競合の動き、自社シーズの棚卸、分析を踏まえた技術ロードマップをつくる。同時に、それと連動した事業戦略の策定、その組織的な実行のやり切りが求められる。

多くの企業で自社の何が「競争力領域」で、何が「非競争力領域」かについて自己認識の不足が散見される。その競争力とは、製品の構想・設計力、試作試験のデータ解析力や量産立ち上げ時の生産技術力かもしれない。多くの場合は複数の要素が絡み合って構成されているものだ。

この自社の競争力が外部と比較して強いのか、弱いのかを把握できていないことがある。また、たまに内外製方針があいまいで、短期的なコスト削減のみの視点で設計・製造などの機能外注をするケースも見受けられる。ものづくりの本質を理解してない経営者はこれをやりがちだ。自社の競争力の自己認識がない状態で短期視点から判断して起こってしまうのである。

また、昨今オープン・クローズ戦略の活用が普及している。それには、まずは自社の強みを外部環境の変化と照らし合わせて、これからどのような事業領域で戦っていくのか、その整理が不可欠だ。その事業領域において自社で何をやるのか、他社と何を協業するのか。また、そのために何を内製して、その知見やノウハウは手の内化するのか、内部の強みは最終的には特許として法的に守るのか、ブラックボックス化して秘匿性を確保するのか、といった知財戦略に反映させるのかなども考える必要がある（図表2－13）。

一方で外部については、企業間提携にて事業スピードを上げる方法やオープンイノベーションなど新しい風を吹き込む戦い方もある。

図表2－13　オープン・クローズ検討例（機器メーカーなど）

検討例	商品企画	開発	設計	生産	販売・メンテナンス
競争力	ー	製品アーキテクチャー構想力	部品間すり合わせ力	効率的工法	ー
オープン・クローズ方針	企画・開発・サービスの組織間連携を確立 コアノウハウとして、技術伝承・深化、秘匿			工法特許取得、展開	故障予知アルゴリズム開発、展開
ノウハウ	クローズ			オープン	クローズ
外部連携	なし			あり	
戦い方のストーリー	**▶メンテナンスはパートナー企業にて実施** ■ メンテナンスデータはクラウドに集約、自社の故障予知アルゴリズムで部品交換などを指示 ■ 求める技術基準を下げて裾野を広げ、サービスネットワークを拡充 ■ 工法・部品スペックを開示、メンテナンス部品を3Dプリンターで製造（自社はライセンスによるマネタイズ） **▶これにより、自社にメンテナンスを持たないアジア中堅企業の特定セグメントを囲い込み** **▶設計はエース人材を継続投入、企画・開発・生産連携スピードを確立、メンテナンスから得た情報を基に製品改良・拡販**				

先を見据えた戦い方を決める

しかし、製造業であれば、基本的な戦い方は変わらない。市場、顧客のニーズにマッチした製品を供給することだ。規制や一般ユーザーのニーズを調査し、顧客の動向・ニーズを把握したうえで、競争力ある製品、部品、システムをタイムリーに供給する。これは当たり前なことかもしれないが、その当たり前なことができていない企業も多い。

では、そんな普遍的な戦いを実行し続けるには、何が必要なのだろうか。

ここまでは各バリューチェーン機能で、持つべき武器について解説してきた。企画・開発におけるQFDや要件ばらし、それを稼ぐ力に昇華するフロントローディング、量産局面での内外製判断と外注化戦略などだ。これらは確かに製造業としての競争力の根幹を成しているが、言わば今日を戦うための武器だ。これに加え、将来に備えて「新しい武器を仕込む」ということもこれからは必要になる。

つまり、5年後、10年後を見据えた技術開発ロードマップをつくり、これが事業としてどのような戦いをすることを想定しているのか、整合していることが重要になる。これができていると、常に競合よりビジネスの取り組みで先を行くことができる。そして競争のない未開拓市場を狙うブルーオーシャンで常にいられる。新しい付加価値がある機能やサービスを展開し、稼ぎ、次の武器に投資する。勝てる正のサイクルだ。

ちなみに、こういった将来を思考するときに有用なのが「エンドゲーム」視点だ。たとえると、どの国の歴史も群雄割拠時代があり、2、3人の有力者が地域的に棲み分けて、やがて天下統一される。どの市場でも先行企業がいて、その後、新規参入企業があり、競争する。いくつの企業が撤退し、残ったものが残存者利益を手に入れる。ロードマップを策定する際に、このゲームの最終局面はどういった様相なのか。技術成熟や価格競争など、それはどんな競争軸で起こるのか。どんな時間軸で起こるのか。こうした考察がロードマップをより実践的なものにする。

なぜならこの時間軸の考察が、ロードマップの内容を将来のある時点に目標を置き、そこからさかのぼり、すべきことを考えること（バックキャスト思考）を可能にするし、競争軸の考察が、技術開発内容をより妥当性があるものにするからである。

新しく武器を仕込む

では、どうやって新しい武器を仕込むのかを説明しよう。

まず、その武器が将来の戦場に合っていないといけない。つまり、将来の事業としての戦い方を実現する技術開発でないといけない。そうでなければ、開発した技術が事業として活用されにくく、投資回収できないという事態になる。これを考えるうえで課題は、

①己を知ることができるのか

②己に合った戦場を見つけることができるのか

③己を変えることができるのか

この三つがある。自動車部品を例にして説明していく。

①己の立ち位置から動く

己の姿は他者との関係性を考えることで浮かび上がってくる。他者とは、顧客・競合のことで、図表2－14のように、自社と他者との関係性を俯瞰したときに浮かび上がる己の姿に競争力が宿っているか否かが重要だ。

競争力の有無は、競合と自社の製品が持つ相対的な関係性を顧客がどう判断するかで決

図表2−14　自社と市場・顧客・競合との関係全体像

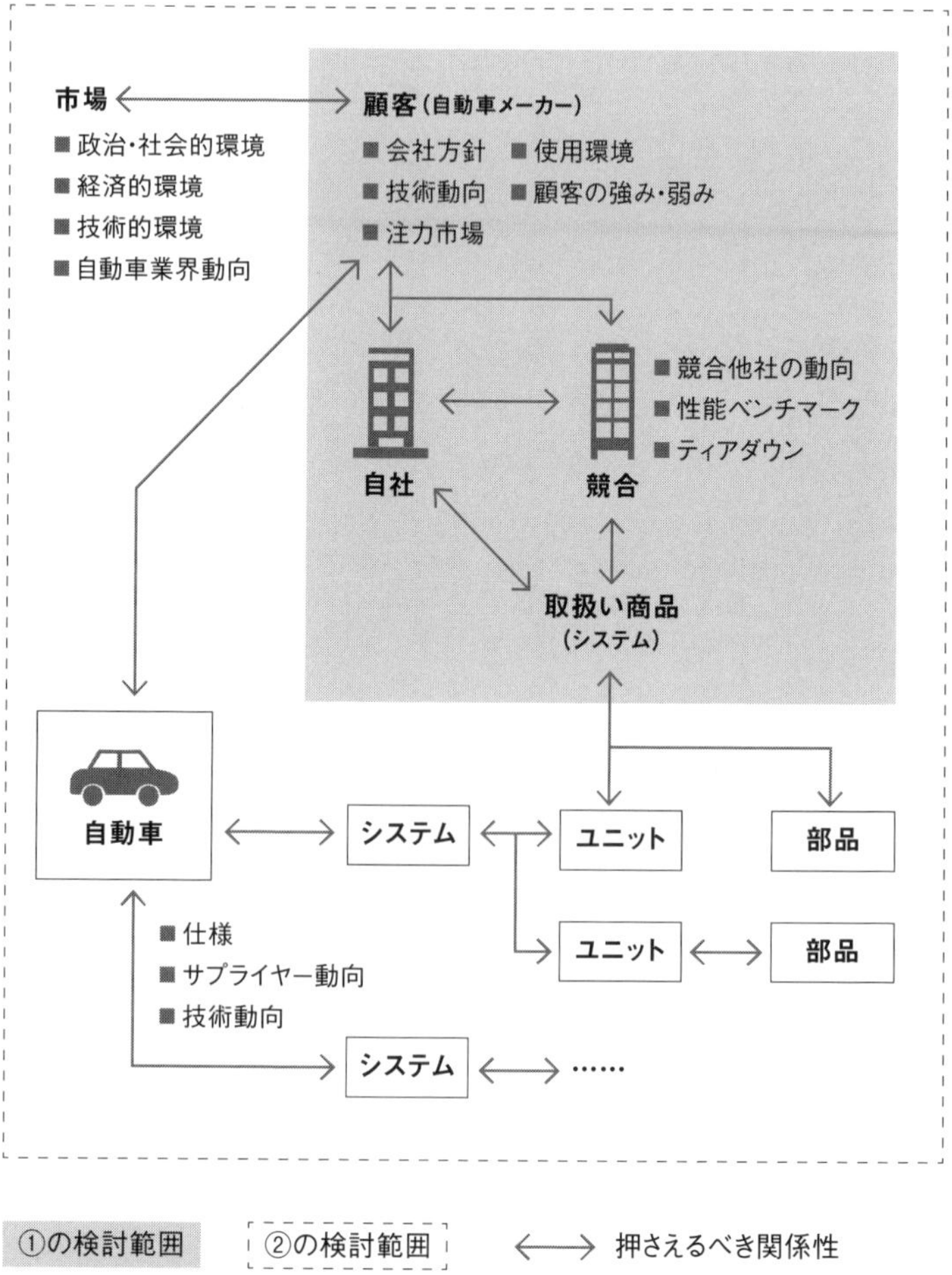

まる。要するに、圧倒しているか（リーダー的企業の横綱相撲）、ずらせているか（リーダー企業以外、フォロワー的企業などの差別化）だ。この関係性を見渡すことで、自社の立ち位置を把握できるが、これを軽視し、いたずらに性能向上をした結果、かえって競争力を損なっているケースも残念ながら見かける。つまり、圧倒もしていないし、ずれてもない、顧客からは価格以外の論点は見いだせないという状態だ。

こういった競合との相対的な優位性は、競合製品のパフォーマンスを評価するベンチマークや製品を分解して調査するティアダウンをしっかりすれば容易に確認できる。もし、自社製品の性能が顧客の技術動向や顧客が狙っている市場での使用環境に合致しており、かつ競合よりも優れていれば「競争力あり」と判断してよいだろう。ただし、競合より性能が優れているからと言っても注意が必要だ。

性能は競合に負けていないはずだが、儲かっていないといった事象が発生することもよくあるからだ。いくら性能がよくても、顧客ニーズの範囲を超えた、必要以上の性能は過剰性能となり、顧客が違いを理解し、対価を払いたいと感じる価値（顧客価値）にはつながらない。

デジカメの画質などのように、ある程度まで性能が高まると顧客価値は頭打ちとなる。

そうすると顧客価値は変わらないのに、性能向上のための開発投資をしたことで、コスト面で足かせができる。その結果、トータルとして競争力が削がれてしまう。

技術者の中には、顧客からこういう仕様はできるかという問い合わせや要望に対して、それを実現したときの事業性を検証する前に、実現に向けて動いてしまうこともあるだろう。「とにかく実現してやる」というエネルギーが強く、優秀な技術者ほど陥りやすい罠でもある。

また、顧客価値が変わらないところまで技術が成熟した場合、コスト優位性に優れる新興国企業と真っ向からの価格勝負に陥ってしまうことも多いだろう。性能面の優劣で競合と勝負できず、コスト面で足かせがある状態で価格勝負をする。もはや自社が戦うべき戦場とは言えない。

しかし、日本企業の多くは、すぐに撤収というのではなく、なんとか1円、2円の原価改善活動をして頑張ろうとしてしまう。これ自体はすばらしい組織能力と言える。しかし、本来、無理をしてまで頑張るべき戦場なのか、自身に問う必要もある。

とにかく己の立ち位置の把握を怠ると、もっと儲けるためにと性能向上に邁進した結果、かえって儲からなくなるケースがある。こういったケースでは、現在の戦場に固執せず、勝負する軸をずらし、新しい戦場で戦うことが定石となる。
では、新しい戦場をどのように見つけるのか？

②「市場動向」「顧客動向」から戦場を変える

ヒントは自社と他社の関係性の中にある。①では、顧客と競合との関係性から己の立ち位置を見たが、それだけではなく「市場動向→顧客動向→顧客製品構成→自社→競合の関係性」をつなげて考えてみることだ。既存の自社製品周辺の狭い範囲で探しまわるよりも、市場全体をとらえ、それを自社製品に求められることにつなげていったほうが、合理的に戦うべき戦場を見つけられる。

この関係性をつないでいくときには、次の観点で考えたい。

・市場動向に対し、顧客がどう対応しようとしているのか？
・顧客のその対応における課題は？
・そこで顕在化する顧客ニーズは何か？
・顧客ニーズに対応できる準備が整っているのか？
・自社と競合との差別化をどう行うか？

この検討を行うときに、129頁の図表2−15の関係性整理マトリクスを活用することをオススメする。抜け漏れを防止し、全体感を押さえた検討を行えるからだ。また、多人数で取り組む場合には、マトリクスを見ながら議論すると、意見交換が活発化し、新たな気づきを得られる。このマトリクスの使い方を解説しよう。

まずは、市場動向と顧客動向の関係性を整理する。左上のマトリクスの横軸と縦軸にそれぞれ市場動向と顧客動向を記入する。縦軸・横軸を埋めるときには図表2−15、16の観点を参考にするとよい。次に、市場動向と顧客動向の関連性をマトリクスにマッピングする。例では、市場動向の「各新興国市場の拡大」と顧客動向の「仕向地《しむけち》拡大」は関連性があるため「●」を打つ。

このように左上から右下へ向かいマトリクスを作成していく。縦軸と横軸に動向や方針を記入し、マッピングするという手順は市場動向と顧客動向のマトリクス作成手順と変わらない。ただし、右下のマトリクスだけは、「●」ではなく、自社「■」、競合「▲」でマッピングする。同じマトリクスに自社と競合の動向・方針を明確に対比でき、差別化できる部分があぶりだされる。この差別化できる部分が新しい戦場候補となる。

図表2−15　関係性整理マトリクス—①

「関係性の整理マトリクス」の概念

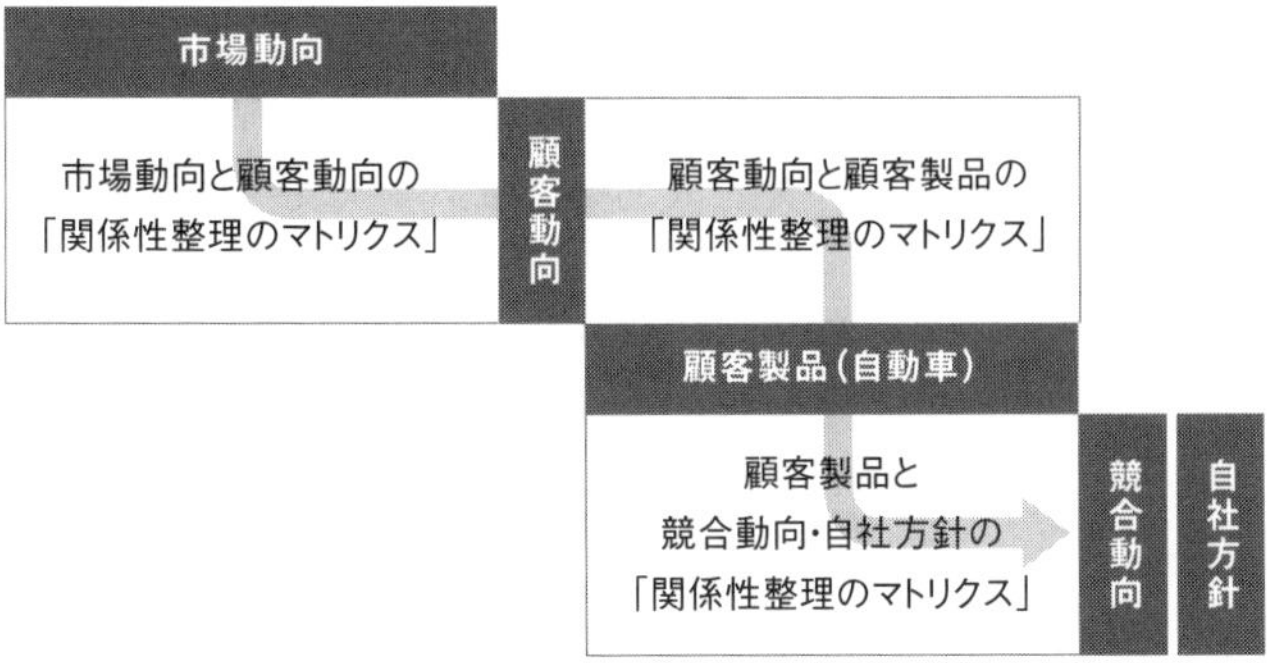

図表2−16　関係性整理マトリクス—②

図表2-15の具体例（サンプル）

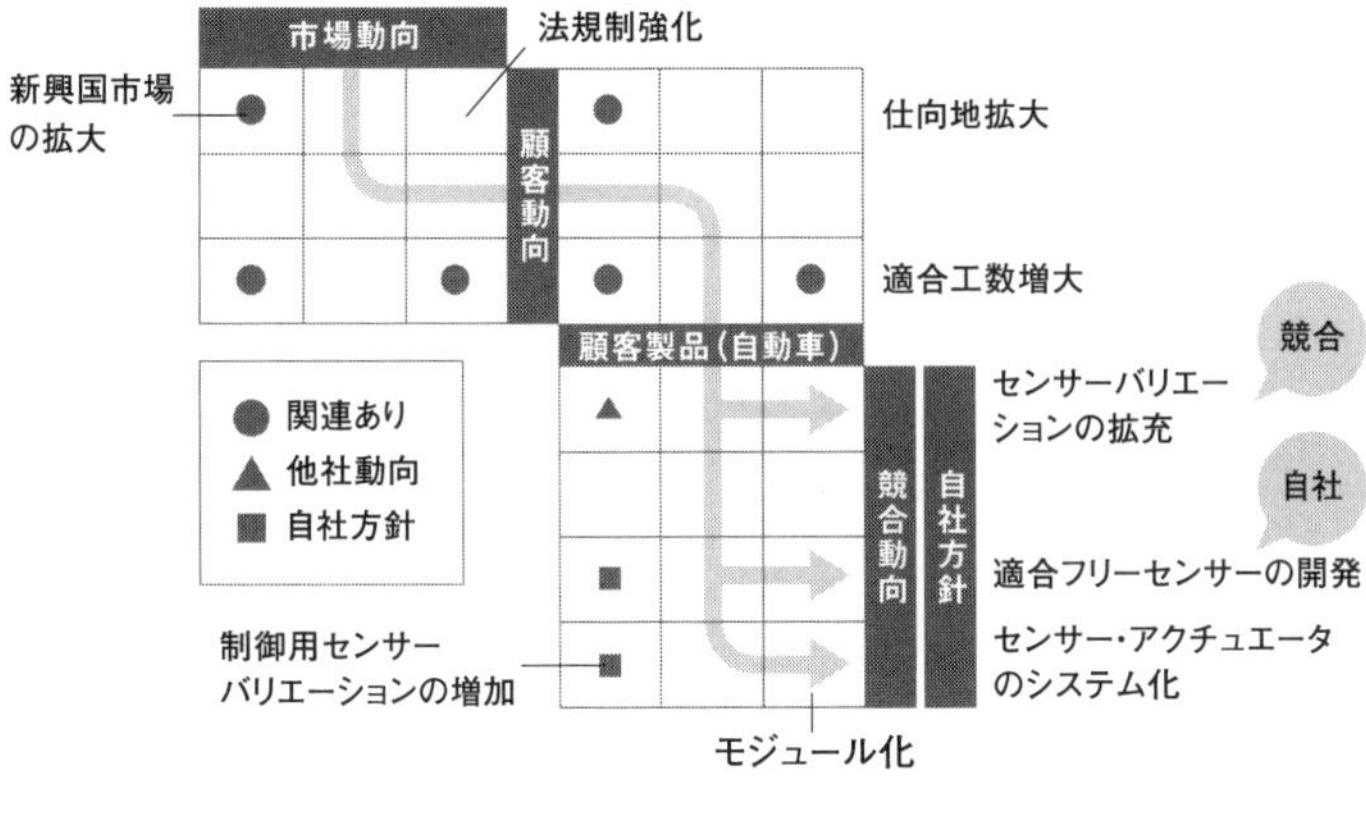

③トップ自らが己を変える

ここまで市場・顧客・競合との関係を述べてきた。自社内の状況を知り、体制を整えることも忘れてはならない。というより外部環境を主な論点としてきた。ここまでであれば、率直に言って誰でもできる。本当にむずかしいのは、不確実性があるなか、組織として一つの方向に向かって進むことだ。不確実性は必ず残る。「全部の論点が整理できないと決められない」という経営陣を見ることがある。視界がクリアになってやっと決めるのは、経営ではない。

逆に、「いまのままではだめだ！　戦場を変えろ！」と、トップがかけ声を発するだけでもうまくいかない。そもそも調査や改革主導の機能を持つ組織がない、ボトムアップの積み重ねで革新性が少ないといった「掛け声倒れ」になるだけだ。誤解を恐れずに言うと、リソースも権限もない組織をつくって、かけ声をかけるだけだとむしろマイナスだ。その程度の優先順位だと現場に認識されかねない。現場はただでさえ通常業務で忙しい。しかるべき人的リソースを割き、組織を整えることはトップにしかできない。腹を決めよう。

これからどのような製品、サービスを投入するのか

さてここまでは、現在の立ち位置（己を知る）、将来目指す位置（どう戦場を変えるか）、その意思決定（変える覚悟）について述べてきた。ここからは自らを変えるために必要な新たな武器の用意、将来の目指す位置に対して、どのような製品、サービスを投入するか（新製品、新サービスコンセプト）、それをどう実行するのかについて述べたい。

今回は新製品、サービスを検討するうえで、近年、考慮すべき事項であるＩｏＴやＡＩ技術の取り込みも勘案した武器の準備について考えていく。

「新製品、サービスコンセプト」を定義する

新製品や新サービスのコンセプト定義で大切なことは、当たり前だが市場機会・顧客ニーズに合致することだ。そのためにはどんな顧客ニーズに対して、どんな機能が対応するかを理解する必要がある。これは図表２－17のようなマトリックスで見える化し、開発や営業など関連部門間で議論し、決めていく。縦軸に市場機会・顧客ニーズ（①）、横軸に

図表2−17　新製品・新サービス創出マトリックス（例：冷蔵庫）

自社・他社が持つ機能やデータを横軸に設定する
↓

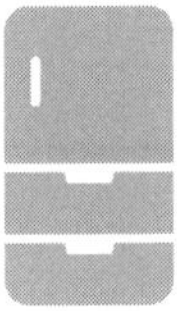

コンセプトの対象となる市場機会・顧客ニーズを縦軸に設定する
↓

			②機能・データ												
			自社保有の機能					自社保有データ			他社保有の機能			他社保有のデータ	
			チルドルーム		冷蔵室		冷媒				センサー		通信		
			チルド／氷温切替	真空チルド	スポット冷蔵	野菜スリープ	ノンフロン	庫内温度	庫内湿度	庫内食材在庫	温度	湿度	Wi-Fi	庫内青果の産地	……
①市場機会・顧客ニーズ	社会の変化	CO^2削減					●	●			●				
		リサイクル													
		電気代削減													
		……													
	顧客ニーズ	長期保存	●	●	●	●		●	●	●		●			
		果物別に甘さを増したい				●		●	●	●	●	●	●	●	
		在庫切れ防止								●			●		
		……			●										

↑
縦軸に設定した市場機会・顧客ニーズ毎に対応する横軸の機能・データの交点にプロットし、新製品・新サービスのコンセプト定義につなげる

機能・データを設定（②）、縦軸と横軸の交点に両軸の関連性の有無をプロット（③）する。

このプロット状況により、どんな顧客ニーズに対して、どんな機能・データが対応するか理解し、コンセプト定義につなげる。

昨今、ＩｏＴが普及し、製品にセンシングデバイスを付加し、データ収集・解析による新たな付加価値を検討するケースも増えている。そのためマトリックスには例として、新製品や新サービスに、データによる付加価値の視点を加えている。いずれにせよ、このマトリックス作成で大切なのは、何年先の製品・サービスを想定するかである。それに合わせて市場機会・顧客ニーズや機能・データを想定する。

①市場機会・顧客ニーズを洗い出す

縦軸の市場機会・顧客ニーズをどれだけ洗い出せるかにより、新製品・新サービスの可能性も広がる。市場機会・顧客ニーズを設定するポイントは、ＰＥＳＴ分析（注１）などで適切な軸を切り、そこに出てくるニーズをできる限り具体化することだ。

たとえば、冷蔵庫の顧客ニーズでは、単に青果のおいしさを維持したいだけでなく、果物ごとに甘さを増すように保存したいといった新たなニーズを具体化することだ。それによって横軸の対応する機能やデータも具体化され、検討すべき製品やサービスがイメージしやすくなる。

注1：PEST分析：「Politics（政治）、Economy（経済）、Society（社会）、Technology（技術）」を軸としたマクロ環境分析を行うマーケティングフレームワーク

②データ内に「新製品」「新サービス」の答えがある

横軸は機能・データで、自社だけでなく、想定する他社の機能・データも設定する。新製品や新サービスにつながるデータには大きくは2種類あり、リアルタイム型とストック型に分類できる。リアルタイム型データとは、天候・事故などの変化状況を時間差なく提供するサービスに資するものだ。そのためリアルタイム型のデータは、常に通信されており、データの種類も限定的である。

一方、ストック型データは、ある地域や人・モノの特性を理解するサービスに資するデータとなる。これらの特性を理解するためには、長期間に渡り、複数種のデータを、大量に収集・蓄積する必要がある。これらストック型データのトレンドやデータ間の相関性を解析することで地域や人・モノの特性の理解につながる。

③商品とサービスを顧客ニーズに紐づける

縦軸の市場機会・顧客ニーズごとに、対応する横軸の機能・データの交点にプロットする。その交点の状況から自社として対応できるニーズを選別できる。ここでのニーズは、コンセプトとしては細かすぎるので実際にはニーズについて、ある一定の基準でくくる必要がある。

くくる基準としては、類似の結果になると想定されるニーズをグループ化するのも一案だ。たとえば、車を運転中の居眠りを防止したい、眠気が生じたら知らせてほしい、集中力が落ちてきたら知りたいといったニーズは類似していて、対応するコンセプトも似たものになるため、一つのコンセプトとする。これにより新製品・新サービスのコンセプトがどんな顧客ニーズに対応するかが定義される。

正しい道筋をつける

では、ステップで創出したコンセプトを確実に実行するためには何をすればよいのか。具体的には、四つの問いに答える必要がある。

①コンセプト実現に向け、どんな技術が必要で、どの程度の経営資源が必要となるか？
②創出したコンセプトは、ビジネスとして成立するか？
③外部環境変化を考慮し、いつまでにコンセプトを実現させるべきか？
④どのような道筋でコンセプトを実現するか？

当たり前だが内外部の環境を考慮したうえで、「どんなコンセプトを」「どのような技術で」「いつまでに」「どの程度、経営資源を用いて」実行するかを明確化することが必要である。

①必要な技術と経営資源を明確化する

コンセプト実現に必要な要素技術の抽出をする。ＩｏＴ、ＡＩ技術の活用時には、これまで必要とされなかった技術が抽出される。「取得してこなかった情報を如何に取得するか（センシング技術）」「取得した情報をどのタイミングでどのように送受信し、蓄積するか」「蓄積した情報を解釈し、どのような判断を行うか（学習・解析技術）」といった技術だ。

要素技術の抽出後は、その技術を自力でキャッチアップするか、外部を活用するのか、内外製方針を決定する。その後、自社でどの程度、経営資源が必要となるのかを見積る。

ＩｏＴ、ＡＩ技術を活用する際に考慮すべき特有の技術としては、学習・解析技術が挙げられるだろう。

この技術に対しては、学習データ収集、モデル学習、アルゴリズム開発、解析精度の検証などの検討に要する経営資源を見積もる。この検討は多くの製造業において、馴染みがないかもしれない。しかし、ＩｏＴやＡＩ技術を活用する際は必須の検討で、今後必須となる組織的な能力になるとも言える。

②実行優先度に向けて事業性を評価する

本ステップは、コンセプトごとに「競合優位性」「収益性」「コア技術との親和性」などの観点で評価する。評価後、事業性の低いコンセプトをふるいにかけ、コンセプトの実行優先度の検討のインプットとする。ただし、次のステップで説明するように外部環境の動向にも留意することが必要なため、このタイミングで実行の優先度が確定することはない。

③コンセプト実現のタイミングを計る

コンセプトをいつ実現するかは、自社の都合のみで決めてはならない。ターゲットとなる市場動向に鑑み、どのタイミングで、どんなコンセプトを市場に投入すべきかを見極めることである。たとえば、V2I（vehicle to infrastructure）通信を活用したコンセプトを実現するタイミングは、V2I通信技術の普及タイミングとその後のV2I通信技術を活用したサービス普及タイミングを考慮する必要があるだろう。こうしたタイミングの見極めのためには、関連する市場、技術の動向を時系列に整理する。これは市場ロードマップと呼ばれ、このロードマップに基づき、コンセプト実現の適切なタイミングを見極める。

ＩｏＴやＡＩ技術の進展は、日進月歩だ。現時点で技術的にできないことが、5年後には実現できるようになるかもしれないし、5年後に技術確立しても、その技術を活用したサービス普及は10年後かもしれない。当然だが、コンセプト実現タイミングを外部環境動向と同調させることが重要だ。

④ロードマップを実行する

3ステップの検討で「どんなコンセプトを」「どのような技術で」「いつまでに」「どの程度、経営資源を用いて」実行するかを決めた。最後はこれまでのアウトプットを、市場ロードマップ⬍コンセプト実現（新製品、新サービス実現）、タイミング⬍開発計画とつなげていく。このつなげた姿がコンセプト実現のためのロードマップとなる（図表2－18）。

市場の動きと言うと表層的に聞こえるが、各業界で濁流のような抗いがたい流れというものがある。いつまでに成し遂げなければならないのか、という時間軸はおのずと出てくる。

もっと言うと、いつまでに実行の意思決定、資源投入を開始しなければならないのか、というXデーがある。よく「Point of No Return」と表現するが、このタイミングまでに取り組まないと、もう間に合わないからやる意味がなくなるタイミングのことである。これが多くの場合、以外と直近だったりするので、悠長に構えてはいられない。

こうしてコンセプト実現のための道筋は完成したあとはヒト、カネを投入する意思決定だが、前述のとおり、己を変える覚悟は不可欠である。

サバイバル力をつける

ここからは、実行あるのみ。ロードマップをプランとし、活動が放置されないようにPDCAプロセスを実行する。最もむずかしいのは、不確実性があるなか、組織として一つの方向に向かって進むこと、すなわち実行だ。新たな戦場で武器を備えつつ生存してい

図表2−18　コンセプト実現のロードマップのイメージ

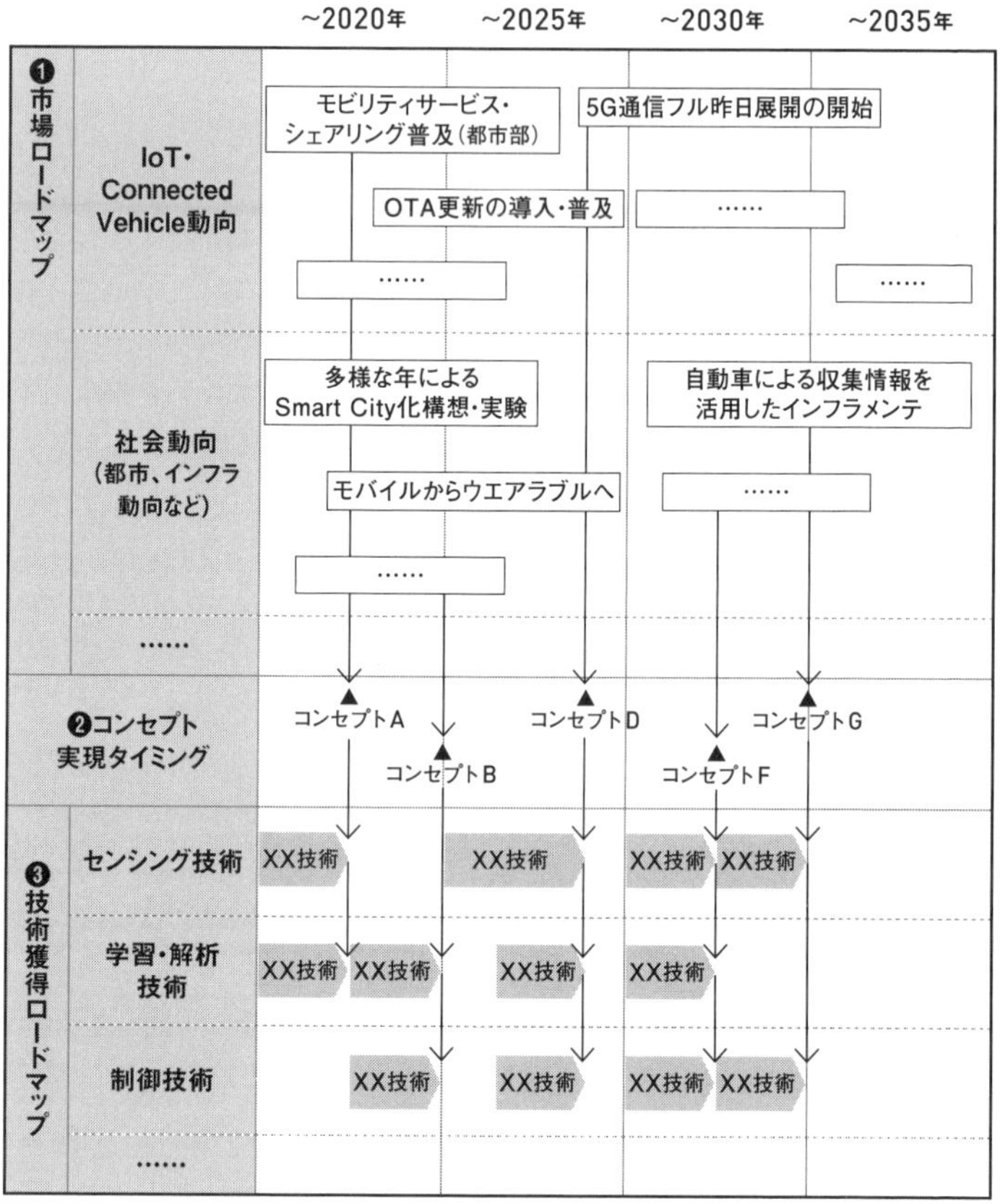

■ コンセプトに関連する市場、技術の動向を時系列に整理

■ 市場ロードマップを勘案し、どのタイミングでコンセプトを実現し、市場投入すべきか決定

■ コンセプト実現に必要な要素技術を獲得するタイミングを決定

くためのサバイバル力とは、組織の実行力と置き換えても過言ではない。

この実行するためのPDCAの最初の1、2回めは全然機能しないだろう。既存の仕事で忙しく、また新しいことに取り組む必要性を感じてない「悪気のない抵抗勢力」がいる。目安として、週1回のPDCAを50回、だいたい1年程度まわしたら、組織は変わる。最初は絶対にできないので粘り強くやる。最初から100点はとれない。これをドライブできるのは多くの場合、世界に一人だけで、その組織の長だ。

またフロントローディングのところでも触れたが、既存案件をいくつかあきらめる、だから新しい技術開発や事業化のリソースを確保できる、という構造をつくることも必要である。むずかしいかもしれないが、既存の延長線では勝てない場合は、やるしかない。

最後に、こういう検討をする力自体が、組織として備えていなければならないケイパビリティである。自社の開発や設計、生産技術、製造現場を知り、競争力を認識し、外部環境の変化を見て、次の戦い方を考えるなど、日々の定例業務ではないので、おろそかにされがちだ。

しかし、製造業の競争力とは、本来、これらのバリューチェーンの各機能あるいは複数機能の融合で構成されているものである。この外部環境たる市場と内部環境のバリューチェーンを横断して考えることができる、全体観のある人材というのは稀で、いても特定の個人に依存する属人化という場合も多い。つまり、「経験的に理解しているが、なかなか言葉で説明できない知識」という暗黙知化している。

仮にいまは何となくできていても、その個人の限界がそのノウハウ深化の限界になり、停滞する。その個人が退職したりすると、この暗黙知は消失する。ゼロからまた検討……と継続性が途切れる。海外展開やスケールアップする際、混乱するのは必至であろう。もたついている間に競合もレベルを上げているので市場で負ける。そうすると短期的な目線で投資抑制、五月雨式な外注化の推進、これによりまた知見蓄積が停滞といったような負のスパイラルが発生する。これを止めるのは容易ではない。

だから、徹底してPDCAをまわし、市場とバリューチェーンと自社の技術をつなぐために日常の業務ルーティンの中に組み込むわけである。これが継続性がある競争力の維持だ。地味ではあるが、この暗黙知の形式知化を業務ルーティン化し、このルーティンをまわすことで組織DNAとして昇華する。

Chapter 3 ［非製造業］

「生産性向上」に抜け道なし

「王道」の取り組みを行い、地方で勝ち抜く

「地方のサービス業に未来はない」は大きな誤解

「100メートルを20秒で走る」——当たり前だが10秒で走るのは容易ではない。世界のトップアスリート以外は不可能だ。そこには特別な才能と努力が必要になる。ただ20秒、もしくは15秒で走るのはどうだろうか？　これならできそうな気がする。子ども時代に運動会のかけっこが苦手だった人でも、正しい努力をすれば届きそうな目標である。

この話は、実はサービス産業の生産性改善にも通じる。

グローバルな製造業が勝ち抜くのは本当に大変だ。次々と世界中から現れるエッジの効いた経営者、企業との戦いを勝ち抜き・防衛していかなければならない。ある意味、100メートルを10秒で走る世界での戦いだ。

他方、サービス業で戦う世界はどうか？　地方のサービス業であれば、その地元で上位になればよい。売上、生産性の観点で、地域でそれなりのポジションを獲得できれば生き残りは十分に可能だ。

グローバル製造業はオリンピックでニッチなエリアでも、金メダルを取る必要があるが、サービス業ではそのエリアで上位、地方大会で入賞できれば、まずは合格と言っていい。

そもそも地方に対して誤解がある。人口減少・高齢化の波のなかで「未来はない」「収益改善の可能性が低い」などと悲観的な目線で見られがちだ。特に、地方企業の大部分を占める小売、サービスなどの非製造業は今後立ち行かなくなる、世間からそんな論調で片づけられてしまっていることが多い。

私たちが地方でバス事業に取り組んだときも、当初はそういう見方をされることが多かった。ただ、実際には、地道なオペレーション改善による収益・労働環境の改善、ひいては地域への貢献と好循環を生むことに成功している。最近では、自動運転やMaaS（Mobility as a Service／すべての交通サービスを組み合わせ、ある場所から到着地点への移動に際し、最適な移動手段の情報を提供する仕組み）などのイノベーション産業に変わりつつある。

まずは、自分たちの会社の現状を客観的に把握し、正しい経営努力、生産性の向上を地道に行っていくことが肝要であり、王道だ。だが、意外とこれができていない企業が多い。これまで都市圏、地方も含めてさまざまなサービス業のお手伝いをしてきたが、そもそも自分たちを客観視ができていない企業が多く存在する。周りからは30秒で走っているように見えているのに、20秒で走っている気分になっている企業は、経営努力・目標に対して基準が内弁慶である。このような例を挙げればきりがない。

正しい経営努力とは何か？　これについてはいろいろなところで言い尽くされていることではあるが、まずは収益の見える化だ。自社製品・サービス、あるいは店舗の収益性、つまり、「何が儲かっていて、何が儲かっていないのか」を理解することは正しい経営の第一歩だ。そうした理解をなしにして、適切な経営リソースの投入やポートフォリオの構築はできない。

商品、売場、店舗の収益性が見えていない。これはシステム、管理会計などの問題に起因することもあるし、そこに対する意識の問題もある。「売上が戻れば」「天候が良くなれば」もしくは「あの店舗はオーナーの肝いりだから」という政治的な理由など、もろもろの要因で見ること事体を拒んでいる、もしくは意味がないと感じていることは多い。

結果、わりと大きな赤字を出しているにもかかわらず放置されている店舗や、それがわかりながらズルズルと営業を続けている店舗が出てくる。過去に見てきた事例で言うと、ある小売企業が、チャレンジというお題目ではじめたオーナーの肝いりの東京出店店舗が、長年大きな赤字を垂れ流していたにもかかわらず、放置され続けていたことがある。

こうした見える化やポートフォリオの話に加えて、サービス業の改善の本丸は人件費を中心としたオペレーション改善、内科的治療がテーマだ。労働集約的な事業特性を考えると当然のことだ。シフト管理、エリアごとの人の配置などの巧拙で労働生産性、人件費は大きく変わる。ただ、こうした細かなオペレーション改善は、口で言うのは簡単だが、根気が必要だ。

一定期間の収益改善を目指し、30秒を20秒で走るように改善するのはそれほどむずかしくない。我が社の事例でも瞬間風速的には、ほぼ100%成功している。ただ、継続しない。私たちが以前支援していたスーパーでも、一時的には大きく生産性・収益は改善した。ただ、私たちが去って1、2年経ってみると収益が落ちていた。現場を見ると「この店舗は10人でまわしていきましょう」と決めたことが、なぜか15人になっていたりするのだ。

そうしたときによく聞くのが、「収益も改善してきた。これからは再生から成長モードだ。ついては人も増員して攻勢をかけたい」という発言だ。これはよく勘違いされることだが会社が厳しく、再生モードだからという理由でコストやオペレーションを締めるわけではない。どんな状況であろうと、そのときの環境や売上の状況に合わせて、目標とする利益を稼ぐべく、継続的にオペレーションは締めていくべきである。

ただ、少し収益がよくなってくると現場は流される。もっと言うと本部や社長ですら流される。外部の人間、株主、銀行、コンサルタントが厳しく目を光らせているときはいい。少なくとも牽制《けんせい》がきいているからだ。本当の勝負は、そのようなうるさい目線がなくなったときだ。外部の目がなくても自律的に収益改善をし、維持向上する仕組み・意識をきちんと組織にインストールする必要がある。

青い鳥は地方で探す

小売は「密度」が大切だ。たとえば、スーパーであればエリア内で物流コストなどを考慮し、ドミナントを効かせる必要がある。つい数年前までセブン-イレブン・ジャパンが四国に出店していなかったのも同じ理由である。

ただ、地方のオーナー経営者たちは拡大志向を持っていることが多い。「地方で成功したから、そろそろ東京で勝負しよう」。もしくは、地方の商圏に限界を感じて青い鳥を求め、飛び地エリアにて、ぽんっと1店舗だけ出店したりする。しかし、密度を無視した出店をすれば、コスト効率が悪くなるし、管理レベルも落ち、不採算店舗が増えるのは当然だ。

また、出店時に借入をしていることも、のちのち問題の種になる。「東京に出るぞ」というタイミングで何十億円というお金を金融機関から借りて、出店した結果、惨敗する。突然、地方から東京に出たところでブランド力を活かせるわけでもなく、ドミナント（同一商圏内でシェアを向上させ、収益性・効率性を高める）が効くわけでもない。結果、借金と不採算店舗が二重苦のようにのしかかり、企業全体の足を引っ張っていくというのはよくある話だ。

サービス、小売業の財務特性を考えると「開店差資金」を上手く使った財務戦略、出店資金を考えるべきである。回転差資金とは、販売資金の現金回収期間と支払勘定の支払期間との差で生まれる資金のことである。たとえば、仕入れてすぐに販売する小売業の場合、仕入先への支払いがあとになり、キャッシュの回収が早い。イオングループをはじめ多くの小売企業は、この開店差資金の範囲内を一つの目途にして新規出店を行っている。

サービス業の立ち上げは、アートに近い部分がある。特にBtoCの場合、一般消費者の潜在的に眠っている商品やサービスを提供する。たとえば、これまでなかったようなケーキや食事を提供する。それにより人気を呼び、ブランドを獲得する。実際、アートの才覚、右脳的発想の経営者が、一代で相当な規模の会社を築く例も少なくない。

しかし、会社の規模が拡大していく中、あるタイミングでサイエンス的要素、すなわちマネジメントを導入しなければいけないときが来る。外食を例にとると、天才的なアイデアを持った料理人が1店舗、2店舗と展開するまではいい。その料理人の目が届く範囲だからだ。ただこれが10店舗、20店舗になったときにはどうか？　そのときは多店舗展開に耐えうる仕組み、料理の質、サービスの質、収益管理を維持できることが必要になる。

良品計画はその代表的なケースだ。良品計画も店長の感覚に依存した経営をしていた過去があると聞く。その時期は、店舗によって収益・サービスなどのバラツキが生まれていたという。ただ、当時の社長だった良品計画の松井忠三氏が「店長の能力がないから、あの店は儲からない」というような個人能力に依存した経営を変えたいと考えた。そして徹底的にサイエンスを持ち込もうと、業務標準書「MUJIGRAM（無印良品のマニュアル）」を作成し、アートからサイエンスの経営に切りかえていった。

「まず、商品、売場、部門の採算性を分析し、あるべきポートフォリオを考える。それぞれの事業で適切なオペレーションのKPIと仕組みをつくり、その仕組みを維持すべく継続的にPDCAをまわし、効果を刈り取る」――これだけ聞くと、当たり前すぎるかもしれない。きちんと地道に経営をする、それだけの話だ。ただ、現実はそれがなかなかできない。

直感と熱意を武器に走ってきたオーナー経営者はそういうことが好きではない。次の世代の経営者もオーナーの薫陶《くんとう》を受け過ぎているせいか、この手の話にはあまり乗ってこない。

では、どうすればいいのか？　究極的には二つの要素しかない。一つは改革のモメンタムを醸成する。改革が一番やりやすいのは、実は業績が傾いたときだ。よく「再生フェーズの会社のコントロールはむずかしいのでは？」と聞かれることがあるが、そんなことはない。改革が一番やりやすい。会社が傾きはじめているときは後がない。選択肢がないので、やるべきことがクリアだからだ。ただ本当は、このようなモメンタムは窮地に陥る前に醸成してほしい。それができれば復活も早く、傷も浅くてすむ。

次は、そのモメンタムをどう維持するか？　であるが、これにやはり経営者の資質は重要だ。これまで多くの経営者に会ってきたが、「ゼロを1にする」オーナー経営者と「1を100にする」経営者では大分、資質が異なる。コツコツ収益改善が必要なときは、センスというよりはどちらかというと地道・堅実派のほうがよい。しっかりとPDCAをまわしていくタイプである。

地方での経営人材不足の状況に対し、東京の大手企業で勤めていた人で地方にポジションと仕事を求める人が増えてきている。私たちの周りにもいるが、口々に「大手企業で一つの役割を担うより、地方の中堅中小企業の経営をしてみたい」という。経営にサイエンスを導入したい会社、コツコツPDCAをまわしていきたいと臨む会社であれば、ぜひこういう人材の活用も検討したらいいだろう。きっと活躍する人材が見つかるはずだ。

勝てるところを見極め、そこに集中

ここまで説明してきたローカル産業の特徴をベースに、ここからは卸、外食、小売、宿泊ホテル、医療介護の業種ごとの処方箋を提示していく。労働集約型の世界という意味では同じグループに属するが、やはり業態によって特徴は異なる。

たとえば、外食は流行の移り変わりが激しい業界で「2の矢」「3の矢」を打ちながら時代に適した業態ポートフォリオをつくり、他方でFLコスト（Food：原材料／Labor：人件費）を中心としたオペレーション改善をしていくことが肝要だ。

卸売業は、「仕入れて売る」という事業特性であるため付加価値をつけるのがむずかしい。そのため、まずは事業を見える化したうえで、何をやって、何をやらないのかという選択と捨象をすることが重要だ。

小売であれば、密度の経済を活かした戦略、ドミナントが必要になる。加えて地場のエリアの中でどう差別化をはかるのか？　誰をターゲットにするのか？　をきちんと練り上げる必要がある。ローコストスタイルなのか？　高級志向なのか？　はたまたプライベートブランドで商品の特性を打ち出すのか？　特徴と戦略をきっちり練り上げる必要があるだろう。

宿泊施設やホテルは、いかに稼働率を高めるのかが鍵になる。稼働率を見ながら単価を調整し、オペレーション面では、フロントも清掃も食事もできるようなマルチタスク人材を育成することで、人件費をコントロールしていくというのが正攻法だ。

医療、たとえば病院ならば、地域内のポジショニングの確立と医療連係促進が重要だ。コスト面ではシフトのコントロールなどでいかに人件費を有効活用できるか考えなければいけない。病院はよく、売上を伸ばしながら再生できる数少ない業種と言われる。それだけ集客余地が多くあるということだが、医療間の連携やポジショニングをクリアにすることにより大幅な収益改善が可能だ。

サービス産業は地方に多く存在する。これまで地方経済は地方銀行が支えてきた。多少厳しくなった会社も長い歴史のなかで地銀が支援してきたが、地銀の経営もラクでは決してない。地元を支える体力を失いつつある。

そのような環境変化のなかで地方の企業には、より自律的な経営への厳しさが求められる。厳しさがなければ淘汰されかねない、といったような健全な危機感を持つことは必要だ。

ただ冒頭に述べたように、別にオリンピックで金メダルをとることを求められているわけではない。当たり前のことをきちんとやりきり、地方の大会で入賞を目指せばよい。それならばどんな会社でも、手が届く目標だ。

【小売業】

小売業の労働生産性は上げられるのか？

私たちは日々、さまざまな企業から事業について相談される。その中で最も相談が多い業種は小売企業だ。スーパー、百貨店、専門店、アパレルなど商材は変わるが、毎年、数多くの小売企業のターンアラウンドなどの業務を受ける。

日本の小売業の労働生産性は非常に低い。また収益性も低い企業が多い。経済産業省の統計によれば日本の小売業の労働生産性は、海外の同業と比べても圧倒的に低い。

小売企業の大多数は、地方の中小中堅企業だ。それら企業・店舗が狭い商圏の中で日々、しのぎを削っている。他社よりも少し抜きんでるために低価格競争、早朝・深夜営業などの差別化を行っている。しかし、そのしわ寄せは従業員の労働時間や給与に影響をおよぼし、結果、長時間労働と低賃金の負のサイクルを生み出している。

ただ最近は、日本では働き手不足が加速している。そのような環境下で従来然としたサービス・ビジネスモデルを継続することは困難だ。

では、労働生産性や収益性を上げるには、どうすればいいのだろうか？

昨今、新聞や経済誌で騒がれているような「ＡＩ」や「ロボット化による省人化」などのワードにすぐに飛びつく必要はない。そういった投資がなければ生産性が改善しないという話でもない。それ以前にできることや、やるべきことはたくさんある。

小売業と言えば、全国規模で展開するイオンやイトーヨーカドーなどのＧＭＳや、セブン-イレブンやファミリーマート、ローソンなどの大手コンビニエンスストアなどが思い浮かぶ人が多いが、実際は、このような全国規模の企業は小売業全体の中ではごく一部だ。多くの小売企業は、特定地域に根差した中堅中小企業だ。では、このような企業が、生産性の向上を図るには何をすべきか？　について考えていきたい。

小売業は「オペレーション改善」の宝庫

小売業は、分散型事業の特性を持っている。単純な規模・店舗の拡大はサービスレベル、管理レベルの低下につながり、その結果、不採算店舗を生み出しやすい。小売業の王道は原理原則、各店舗の「オペレーション磨き上げ」による収益改善策の積み上げだ。

私たちが見てきた多くの小売企業の失敗は、会社のマネジメント能力を超えた過剰な新規出店や物流のドミナントを無視した店舗展開に起因することが多い。また、個店単位で見たときに店の運営、マーチャンダイジングや人員のシフト管理などが店長任せ、力量依存になっている企業も多い。小売業はオペレーションにより差が生まれる世界である。当然のことながら、オペレーションがきちんとまわせている店長・店舗とそうでない店舗では、生まれる収益の差は大きい。

各店舗を統括・管理する本部の視点では、採算管理の仕組み・システム・チェック体制を確立すること、新規店舗の出店や不採算店舗の撤退について明確な基準を設けて運用することが肝要だ。各店舗の収益性を継続的にモニタリングし、収益性が低下している店舗については、その要因分析と改善施策の検討を行う採算管理の仕組みの導入、損益改善に向けた施策の検討サポートが必要である。

そこでここからは、具体的に小売業の収益性向上のための施策としては、どのようなものがあるのかを見ていくことにしよう。

①「勝てる事業モデル」を組み立てる

・小売業内で差別化

小売業における差別化はむずかしい。同じような客層に、同じような店舗フォーマットで同じような商品を売りがちだ。そうならないためには、顧客に対する訴求ポイントを明確にする必要がある。たとえば、食品スーパーであれば、

①価格で訴求する……そのなかでも毎日、商品の安さを徹底的に訴求するモデルもあれば、特売により圧倒的な安さを訴求するモデルもある

②付加価値により顧客に訴求する……地域のニーズに対応した品揃え（生鮮品や惣菜）をすることもあれば、高品質の商品を提供することもある

このように訴求ポイントを明確にしている企業の競争力は強い。自社の目指すべき方向性の具体化（商品ラインナップ、立地、付加価値など）と、それをどのように展開していくのか？ が見えているかどうかがポイントになる。

②筋肉質な体質にする

小売業は分散型の特性を保有しており、個店ごとの収益を確実に積み上げることが必

要である。

・人件費

業種により異なる面もあるが、一般的に小売業のコスト構造に占める人件費の割合は大きい。この領域の生産性を高めることが、小売業の生死を分けると言ってもいい。社員やパートをどう効率的に配置するのか、曜日別や時間帯別、店舗周辺のイベントや天候などによる顧客の来店状況や開店前・閉店後の状況に応じた人員シフトの最適化は非常に重要だ。

ただ、人の管理はすぐにシステム化できるほど容易ではない。それぞれの社員・パートにも事情がある。これは私たちが体験ベースで感じていることだが、性格が優しい店長がいるお店の人件費は総じて高い。なぜならパートのシフトのわがままな要望をどんな理由であれ、そのまま受けてしまいがちだ。

たとえば、「収入は月20万円必要なので、シフトはこれだけ入れさせてほしい」「子どもの幼稚園の送り迎えがあるので、この時間だけしかシフトに入れない」など、人それぞれ事情を受け入れてしまうわけだ。

しかし、その事情をすべて引き受けてしまえばシフトは組めないし、人件費もコントロールできない。他方でその要望を無視してしまえば、モチベーション・人員の維持はできない。そこを上手に押し引きしながら管理するのは、まさに店長の腕でもあるし、店長が安易な方向に流されないようなバットコップになり、現場を引き締めるのは本部の役割だ。

・物流費

物流費に関わるドミナントのあり方は外食、小売業に関わらず多店舗展開する業態であれば非常に重要なテーマだ。物流効率・管理効率など密度の経済性を効かすことができる出店戦略は収益性を高めるうえで必須だ。たとえば、異なる三つの県に5店舗ずつ存在するよりも、特定の県に15店舗存在するほうが、物流のドミナント化を図ることができ、物流コストは低い。

また、経営管理の観点から見たときに目が届くという意味ではある程度、お店が集約されているほうがマネジメントはしやすい。ただ、この鉄則を守れていない企業は多い。「隣の芝生は青く見える」「いずれ都会へ行く」という心理なのか、ドミナントを無視して飛び地に出店する。たとえば、都会に出店する企業は意外と多い。当然の帰結として、それらの店舗は、ほどなく不採算店舗に仲間入りをする。物流費が高騰する、本部・本社から目が行き届かず、サービスレベルが低下するなど、こうしたことは小売業界の「あるある」といっていいかもしれない。中堅の小売業は、改めてこの鉄則を意識する必要がある。

・廃棄ロス

廃棄ロスの削減は、生鮮食品を扱っているような食品スーパーでは重要なテーマだ。現場は機会ロスを嫌う。それによって心理的には、少し多めに発注、在庫を持ち、つくりだめをしたがるが、それによって「廃棄ロスの増加＝原価が増加」しては意味がない。

過去の売上POSデータを分析することによりイベント、天候、曜日による商品ごとの売上見込みの精度を一定程度、高めることができる。その材料をもとに、どの程度、発注すべきか？　その精度はかなり上がるし、私たちの経験でも、ちょっとした意識を変えることができる。これによって、データの分析をするときに、かなりの廃棄ロスは削減できる。

・不採算売場・商品を見直す

小売店舗の各売場の採算を見ると、売場間での収益性に大きな差があることが多い。それは導線・棚割が理由の場合もあるし、顧客ニーズと商品・売場がマッチしない場合もある。

前者であれば、店舗のレイアウト、商品の棚などを再度見直しすればよい。一方で後者の場合は、もし、消費者ニーズとマッチしていないのであれば、そのエリアは撤退し、人気の高い、収益性の高い売場、商品に集約するべきである。かつての百貨店のように、幅広い商品構成を持っていることを是とする小売企業はいまだに多い。

また、近隣人口の縮小・変化による集客の減少が明らかになっているにもかかわらず、店舗の縮小を嫌う経営者は多い。「あの店は街のシンボルである」「店舗としての格がある」などを理由に挙げる人は多いが、街のシンボルだからといって、街からお金をもらえるわけではない。そこは市場の変化に応じた適切な店舗面積、構成にすべきだ。

これは収益性の観点に加えて、差別化できる業態、両方の視点からも商品価値の向上施策としてプライベートブランド商品を考える必要がある。たとえば、食品であれば添加物を使用しないプライベートブランド商品を開発し、高付加価値・高価格商品として展開する自社の顧客向けに健康増進や食の安全性を啓発するセミナーを開催することで、健康志向のイメージを確立するなど、さまざまな企業が取り組んでいる。

・本部コストをコントロールする

これまで多くの小売企業を訪問してきたが、本部・本社が簡素で、お金がかかっていない企業は「シビアな経営の雰囲気」を感じる。実際、そういう企業は収益性が高いことが多い。逆に本部、本社にお金がかかっていたり、多くの人員が割かれていたり、中途採用で頭でっかちな社員が増えている企業には注意が必要だ。

こういった企業は、本社固定費が増加、結果的にリソース（資金と人材）が店舗に十分まわっていないことが多い。

実際に私たちは、本社の人件固定費が会社の収益の足を引っ張っている企業を多く見てきた。加えて本社の頭でっかちな体制が、現場との距離をつくり、現場の把握している顧客ニーズ・情報をとらえきれていない、そんな皮肉な状況も見てきた。

③将来に向けて業務を効率化する

・決済を効率化する

小売業の業務効率化に向けて決済の効率化が挙げられるが、セルフ精算レジの導入はその一つの有効な施策となりえる。

年配の顧客は利用を敬遠しがちな面はあるが、セルフレジが導入されることによって、精算業務の減少やそれによる接客時間の向上、お客様から見ると待ち時間の減少が期待できる。また、レジ担当がお金に触れる必要がないので衛生的だ。

④人員教育を徹底する

・教育・企業風土づくり

いまは人手不足の時代だ。どの企業も人件費の高騰、採用コストの負担には四苦八苦している。特に労働集約産業である小売業にとって、優秀な人材の確保・維持は最も優先度の高い経営テーマだ。人を確保し、生産性を上げるためには、教育・企業風土の定着は不可欠である。

社員のみならずパート従業員にも、企業風土や方針に合った人材を採用し、パート従業員の定着率向上と戦力化を図る。ただ、これはそう簡単な話ではない。どの企業でも「人が採用できない」「離職率が高い」などの声を聞く。そのときに単純に給与を上げるだけではなく、それ以外の工夫、ロイヤルティーを高める仕組みと教育は必要だ。たとえば、ある会社は社員教育の中で、当社のビジョン、価値観を徹底する。それをわかりやすい言葉で、社員、パートに話しかけ、自社のお店・商品のファンになってもらう努力をしている。

⑤「出店」から「店舗の改廃」まで押さえるべきこと

・出店するエリアを選ぶ

小売店舗の出店戦略については、一にも二にも最適な出店エリアの選定が重要だ。立地の特性（ターミナル、駅前、郊外、商店街など）をターゲットとする顧客層、競合の環境はもちろんのこと、前述したとおり物流・管理の観点からどのような出店が最も効率的か？　ドミナントは効いているのか？　こうしたことは、じっくり考える必要がある。戦線が伸びきった飛び地的な出店により、ドミナントの構築ができず、結果的に収益が低迷した企業は数多い。

・改廃のための打ち手を決める

加えて、すでに出店した店舗の収益性が低下してきた場合、撤退するのか？　リニューアルするのか？　業態を変えるのか？　この打ち手は重要な経営判断である。まずはオペレーションによる改善の可能性だ。たとえば、店長を変えることにより収益性の回復が見込めるかを検討する。もし、それでもむずかしいようであれば、リニューアルを検討する。

ただ、その際に、立地の問題からどんな業態にしても、売上・集客が見込めないのであれば、完全撤退することも考えなければいけない。一度つくった店舗を引き上げるのは経営者としては気が引けるだろうし、実際に社内の方針として100店舗出店を目標としている企業も多い。ただし、売上が厳しい、負けている店舗・立地をいつまでも引っ張ってはいけない。時には勇気ある損切りも重要だ。

図表3−1　経営の「取りうる戦略」の方向性

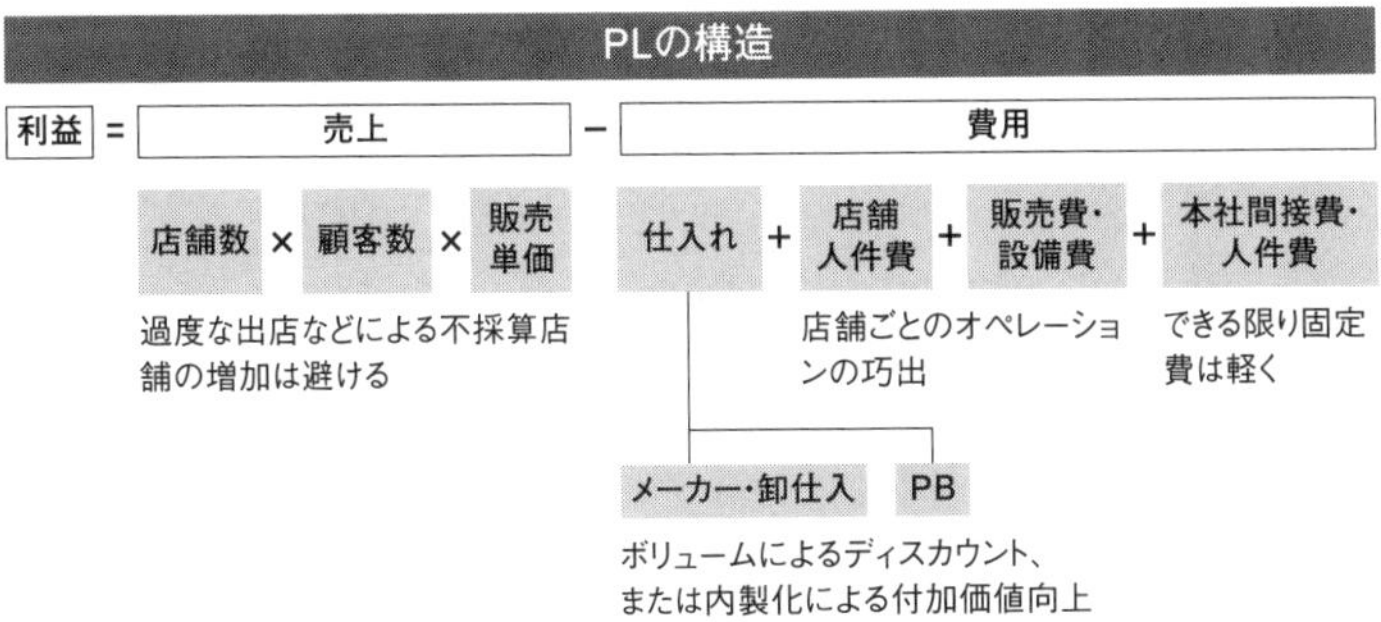

取りうる方向性

売上・利益

・顧客に対する訴求ポイントを明らかにし、勝てる事業モデルを構築する
・付加価値を高める取り組み（PB化）
・店舗の採算管理と、それによる不採店舗の早期撤退
▶リニューアル投資などにより傷を深くしない
▶出店基準の厳格化（投資採算性の厳格化）

費用

店舗採算性の向上
・店舗人員の非効率の撲滅（シフトの巧拙）
・ドミナントによる物流費の効率化
・廃棄ロスの削減

軽い本社体制
・重い固定費、本社体制を賄うためのムダな出店は避ける

【卸売業】

付加価値が低い卸売業でやるべきこと

卸売事業は、強烈なサンドイッチ状況にある。これは商売の仲介的な意味合い以上に事業環境的に川上と川下の企業、両サイドからのプレッシャーにはさまれ、卸事業の収益は押しつぶされている状況にあるからだ。

よく起きている現象としては、川上・供給サイドの再編などに伴う大企業化・寡占化＝セリングパワー増加と需要・川下サイドの変化である。

たとえば、コンビニエンス業界に見られるが「小売の再編＝バイイングパワーの増加」である。小売企業側の巨大化により、購買交渉力が強まれば当然のことながら、卸売事業に対するしわ寄せ、価格圧力は高まる。これはどの商材の卸業界でも見られる光景と言ってよい。

私たちもよく卸売企業の手伝いをするが、「仕入れ価格は高騰しているのに、それを売価に転嫁できない、粗利は下がるばかりだ」と、嘆いているのをよく耳にする。

ざっくり卸売のコスト構造は、仕入コスト9割弱、販売管理費が1割程度、その販売管理費を分解すると半分程度が物流コストとなっているが、仕入れコストは上昇&売価に転嫁しにくい。加えて人手不足のなかで輸送費や保管費コストの上昇によって物流コストも増加している。

もともと卸売業は、付加価値が低い業種だ。私たちは経営改善の可能性を考えるときに、図表3－2にあるように、まず付加価値（売上－外部調達）の割合がどれくらいあるのかに注目するが、一般的に付加価値割合が高い業種は、自分たちの打ち手でコントロールで

図表3－2　付加価値割合

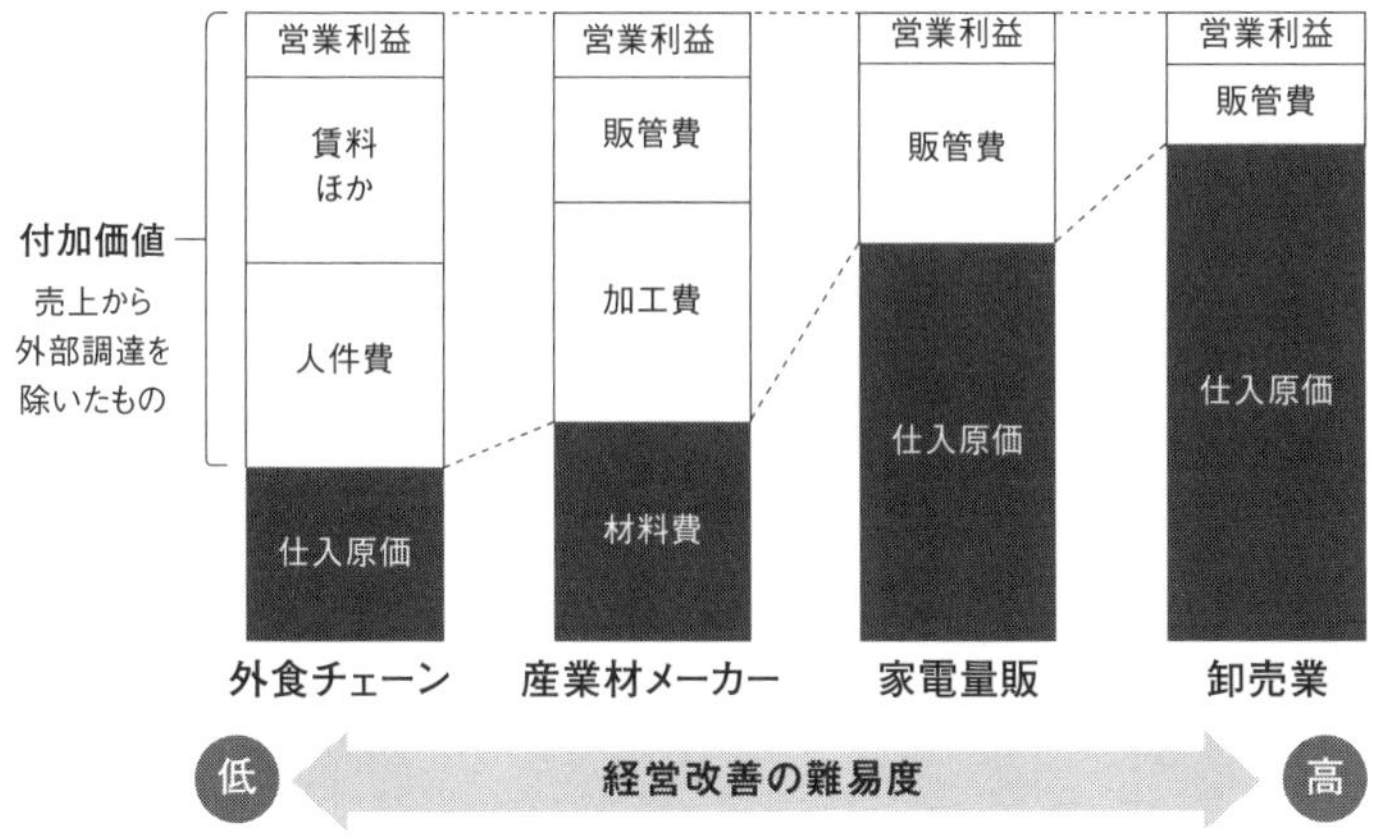

きる範囲が大きいので業績を改善しやすく、逆に付加価値割合が低い業種は業績の改善がむずかしい。

卸売業の中には、付加価値の割合が低いことに加えて、外部調達の大部分が相場価格に左右されるなど、経営が外部環境に大きく依存してしまうタイプもある。

卸事業は、こういったそもそものむずかしさに加え、サンドイッチ現象、中抜きなどの環境変化や物流費の高騰、逆風が吹きまくっている。

では、こうした環境変化なかで生き残っていくには、どうすべきなのだろうか？

教科書的に言えば、小売業界の大規模化、それに伴う取扱商品の変更に合わせて、取扱商品の拡大ということも考えられるだろう。実際に、コンビニやドラッグストア、大手家電量販などの取扱商材の拡大に合わせ、卸売側も取扱商品の拡大や、そのためのＭ＆Ａを繰り返している企業も存在する。

また、ＩＴを活用して顧客データを分析、小売側に品揃えのコンサルティング提案を強化し、付加価値を増やすという方向性もある。川上、川下に自分たちの事業領域を拡大するのも一つの手だ。

ただ、こうしたことができる企業、資本、人材、ネットワークに恵まれた企業は非常にまれだ。多くの企業は投資やM&Aをするだけの資本力もなく、ビジネスモデルを変えるだけの人材やネットワークも不足している。他方で卸事業の経営者と話をすると自社のリソースを無視し、一足飛びで新たなビジネスモデルをつくりたがる人が多い。

「この業界は成熟している、早期に新たな商売を」という声をよく聞く。いまの事業環境を考えると焦る気持ちはわからないではない。しかし、物事は「ホップ、ステップ、ジャンプ」の順番を踏むべきである。経営で言えば、最初に経営の基盤、財務基盤を固める。これを固めずに、いきなりジャンプをすると、それが致命傷になりかねない。また、自社の人材のケイパビリティ（企業が備える組織的な能力）を無視した取り組みは、絵空事で終わる可能性も高い。

では、卸売業が収益を確保するには、このホップ、ステップ、ジャンプのホップをどう進めるのか？　意外に見過ごしている企業は多いし、私たちの経験では、まずここを固めるだけでも収益率は向上できると考える。次の飛躍のためにも、目の前のできることをやりきるべきだ。では、具体的にはどういったことを考え、実施していけばよいのかをくわしく見ていくことにしよう。

「見える化」と「選択と捨象」は飛躍の第一歩

①自社の現状を知り、取捨選択する

・「採算の見える化」をする

卸売業は構造的に利幅が薄く、数パーセントの仕入価格の変動が命取りだ。だからこそ、常に微調整をしながら製品別、販売先別、仕入先別、地域別、拠点別で、きめ細かく「見える化」を行い、打ち手を考えていくことが重要だ。

図表3－3は製品別の粗利率の例だが、このような分析をすると見えてくるものがある。トップの何割かで稼ぎ、ボトム何割かが赤字を垂れ流ししているといった構図があぶり出されてくる。卸売業では取扱商品が多く、膨大なデータを扱っているためリアルタイムでの分析を怠りがちだ。

不採算取引が1年間放置されるといった事態は珍しくない。担当もわかってはいるが「これくらいの小さな赤字なら気にしなくても大丈夫」と、重要な問題だと考えていないことが多い。ただ、その小さな赤字が積み上がると、会社全体の収支を

揺るがしかねないことも理解すべきだ。

・固定費を見直す

経営者は原則、現体制を維持したがる。そのため固定費を賄うには、これくらいの売上という順番で物事を考えやすい。ただ卸事業の特性を考えると儲かる取引、商材だけの集合体の会社としたときに、どういう固定費、本社体制にすべきか考えるべきだ。この順番を間違えると、固定費を支えるための無謀な売上、取引拡大をすることになりかねない。

図表3-3　見える化分析例

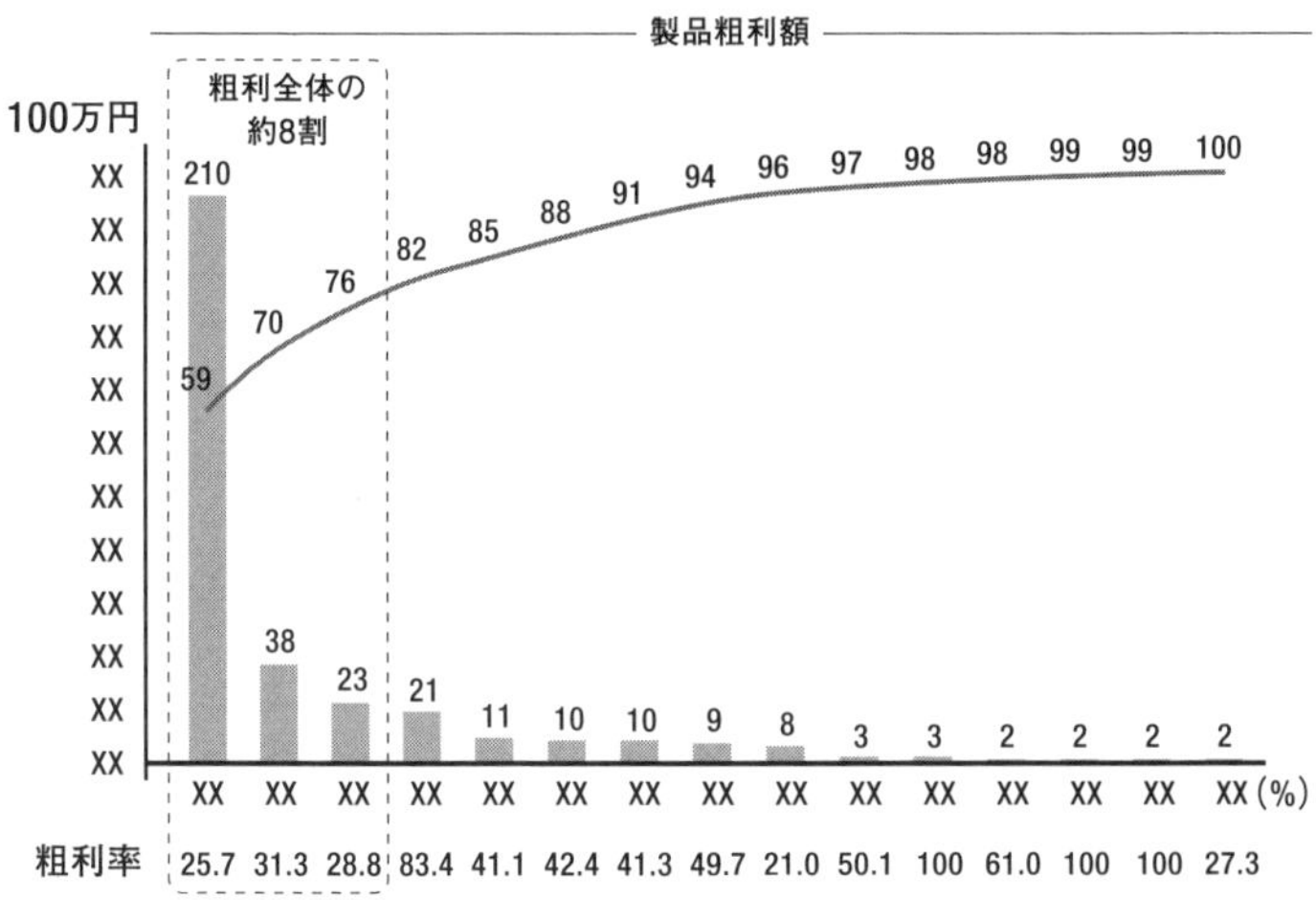

取捨選択というのは当然、取引の取捨選択もあるが、さらに踏み込んで考えると自社の機能の取捨選択という視点も重要だ。たとえば、これまで運営していた物流拠点を内製化したほうがよいのか？　アウトソースしたほうがよいのか？　与信機能、体制はどれくらいの規模が適正か？　この議論は現行の体制前提ではなく、今後の売上、取引の見直しをもとに一度、見直しが必要である。

これまで私たちは再生局面の企業を数多くみてきたが、そもそも何かを変える、何かを捨てる、という意思決定をできなければ、営業面、設備投資などのテコ入れのターンアラウンドは実現しない。赤字の根源となっている営業所や物流拠点などに対して、「ここを閉じてしまうと顧客が離反する……」。他エリアにも影響がある」といった抵抗勢力に毎度会うのだが、結局のところそうした声の根源は社員個人のインセンティブ、たとえばポジションがなくなることへの恐れや不安にすぎなかったりする。

少なくとも私たちの経験では撤退や集約を実施し、予想以上に売上が下がったとか顧客が離反したということはない。おおよそ想定内もしくは想定よりもベターな形で終わることがほとんどだ。

「捨てる」「絞る」「集約する」といった痛みを伴うことは、自社の船全体が沈みそうな土俵際ギリギリのタイミングになって、はじめて行われがちだ。しかし、もっと早い段階で先をみて決断できる経営者が増えてくれれば、収益性は間違いなく底上げされるだろう。

・取扱商品のポートフォリオを最適化する

商品のポートフォリオをどうするのか？　これは採算の観点に加えて自社の戦略、言い換えれば自社の強みに照らしたときに、どういう構成が最もよいのか？　という軸から考えるべきだ。

小売側から求められているからと言って、「商品アイテム・商品カテゴリーを単純に広げるのがよいのか？　大手の2番煎じではどうなのか？」と、いま一度、経営陣に問いかけ、自社の強みを軸にしたときにどういう策をとるのが一番よいのかを考えてみるべきだ。実際に、私たちが知る事例でも総花的な品揃えをやめて地元の取引先との関係性を活かし、地元色、地元商品を強化し、差別化を図った企業もある。

地方には卸事業者が多く存在する。それらの企業を見ると、どうしても似た製品、似たサービスになりがちだ。その中では、自社のポジショニングをどう構築するか、という視点を持つことが肝要だ。

・自社の専門、得意領域へ資源を集中する

見える化の目的は、何も悪いものをあぶり出すことだけではない。自社がどのような地域・顧客が得意で、どこで勝負すればよいか、使える資源をどこに配分すれば、より収益を見込めるか、攻めの施策に活かすためでもある。

とある卸企業の事例だが、基本的には仕入商材を中心に取り扱いながらも、自社が評価を得ている顧客セグメントのニーズを営業活動の中で拾い上げて、勝負どころの製品について安価で質のよい製品を自社開発、収益の向上に成功した企業がある。

卸売企業が製造業や小売業に手を出すことはリスクではあるが、多くの失敗例は攻めどころの誤り、自分たちの強みを認識できていないケースがほとんどで、やるのであればリソースも張り、勝負どころをきちんと見極める必要がある。

エンドユーザーの動向を視野にいれる・リテールサポート型の営業をする

卸売業の販売営業施策を練るうえで、当然のこととして顧客である小売業の動向、刻々と移り変わる消費者のニーズや傾向を押さえておかなければならない。ただ、それを継続的にやりきれていると答えられる企業はどれくらいあるだろうか。

「うちの会社では、消費動向をリサーチ・分析して企画提案につなげていくことができない……」といった悩みを持つ企業は、結構多い。日常の卸売としての営業ルーティーン業務をこなすことに集中し、付加価値のある業務、顧客から求められている取り組みができなくなっているのだろう。

たとえば、服飾卸売業であれば、ただアイテムを棚やかごに並べていただけでは顧客の支持は得られない。どういう商品がトレンドになりそうか、実際の小売店舗でどういうディスプレイをするのが効果的か、顧客にとって有益な情報を提供していくリテールサポート型営業へ、卸売事業者も変革していかなければならない。そのためには、情報分析力、企画提案力を備えた人材をどう育てていくか、採用教育の取り組みもセットで求められてくる。

・新しい価値づけをする

中長期的な生き残りのためには、従来の卸業務の範囲を超え、小売顧客のオペレーション変革をうながす、新たな価値を生む、という視点も重要になってくる。

たとえば、流通データを分析し、小売店に対して広告・販促企画実施を行ったり、独自のユーザー調査基盤を持ってメーカーに対して新商品開発支援を行ったりするという動きは、顧客側の売上の向上、業務効率化につながる。ある種のコンサルティングだ。

また、飲食店や食品加工メーカーがホッとするトレーサビリティー（農産物・食品・医薬品・工業製品など商品や原材料・部品を識別し、生産・加工・流通・販売・廃棄の過程を明確にすること）など、情報提供を「食材の卸＋物流機能」に加えて提供することも、顧客にとっての新たな価値を生む。

ただ、このようなサービス提供には一定の企業体力が必要だ。そのためこれは「ホップ・ステップ・ジャンプ」の「ステップ・ジャンプ」の話としてとらえておいたほうがよいが、基礎固めができたらこういう領域にもチャンレンジしてみてはどうだろうか。

③周辺プレイヤーと連携・統合し、コストを抑える
・共同開発・業務の共同化をする

卸売業においては、特に輸送費や保管費を含めた物流コストの上昇が利益圧迫の大きな要因の一つとなっている。物流業務の効率化、物流コスト削減は業界全体の命運を左右する問題になってきている。ただ、物流費や人件費の高騰を嘆く前に、物流のオペレーションを見てほしい。受注・出荷管理、荷受け荷捌《にさば》き、ラベルタグ付きなどの業務フローや生産性を一つひとつ細かく検証してみると、意外と改善余地はある。

現場は「人手不足だ」と不平を言うが、それは現行の業務のやり方を前提としている話であって客観的に業務、フローを見直していけば、改善余地は意外とある。それをやりきったとしても物流コストの負担が重い場合は、自社に内製化できるだけの売上、体力がないことを意味しているので、その際はアウトソーシングとして、

3PL（物流業務を委託する物流アウトソーシング）の活用や共同物流センターの立ち上げなどを考えたほうがよい。

④他社との連携で生き残りを図る

自社単独で成長の絵姿が描けることにこしたことはないが、卸売業を取り巻く環境を鑑みると、すべての企業が生き残れるとは限らない。

こうしたなかで、将来を見据えて他社と補完関係を築くことで、生き残りを模索するというのも一つの選択肢ではある。ただ、その際に同業間の中で弱者連合をつくっても意味がない。また、一企業として何かしらの特徴、強みがなければ取り組み先も見つけにくい。顧客基盤、人財（営業力、企画力）、物流機能など、どの部分で自社の特徴を活かしていけそうか、どの部分は他社の力を借りたほうが得策か、冷静に見極め、戦略的な視点で検討すべきだ。

他社と組むことで企業体としてのエッジが強まり、顧客に対する付加価値提供力を高めることができるのであれば、中長期にみて生き残りに際し、必ずやプラスに寄与するだろう。

図表3−4　経営の「取りうる戦略」の方向性

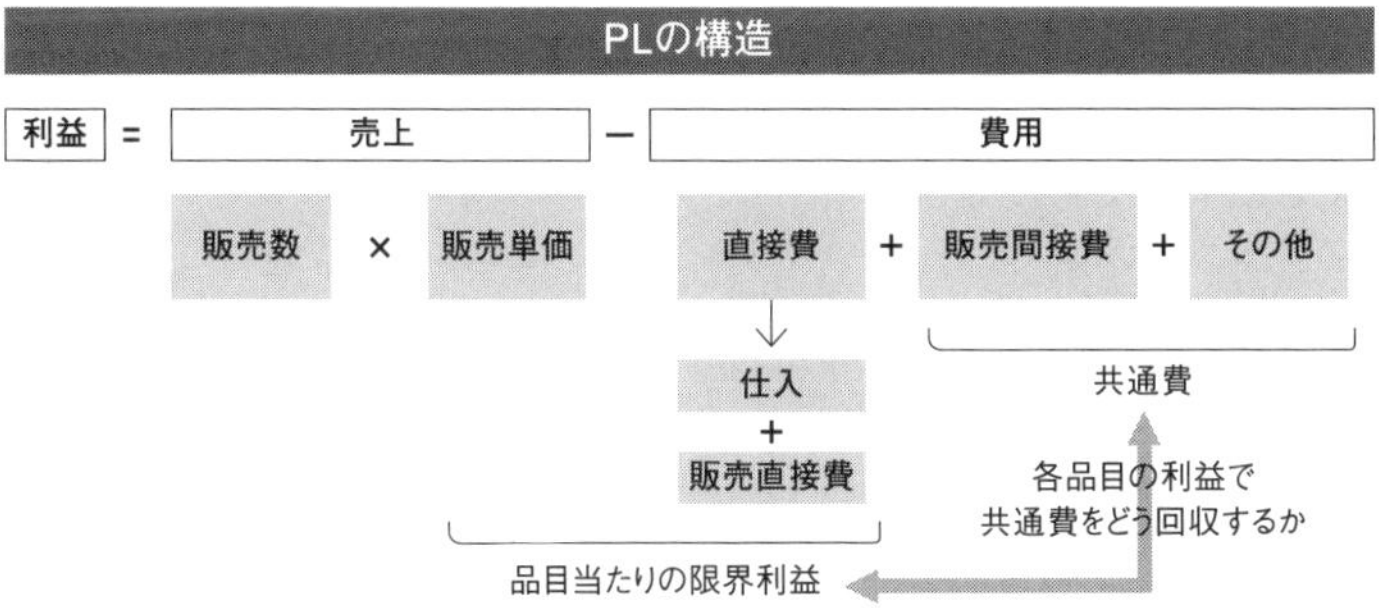

*1:各商品に直接的に結び付けられるか否かで区分(直接費:運賃など、間接費:荷役費、営業人件費、倉庫料など)

取りうる方向性

売上・利益

一定程度の需要は期待できても、漸減傾向

・安定的な取引先の確保(仕入・販売両面)

・基本的には品目の継続的な入れ替え
(スクラップ&ビルド)

マージンが低い中で付加価値を高める取り組み

・他の市場にない商材の仕入れ

・製造加工への進出

赤字取引を行わないための管理の仕組みを整備

・ブランド別、取引先別、品目別など細かい単位での採算管理と、それによる不採算品の撤退や不良在庫の圧縮

費用

仕入れ・販売網の整備

・バイヤーの育成

・販路の開拓

固定費の最適化と
ローコストオペレーション

・計画的な投資とムダな経費の削減

【外食】

自社を理解し、正しく資源配分する

外食業はさまざまな業種のなかで、最も経営力が求められる業種の一つだ。経営者、もしくは経営力によって、収益は大きく変わる。

よく言われるように、外食サービス業界を取り巻く環境は一段と厳しくなっている。外食産業のコスト構造の主要構成要素である、原材料費と人件費コストが高騰、経営をじわじわと圧迫しているからだ。図表3－5にあるように、2018年の三大都市における飲食店のアルバイト・パート平均時給は3年前の2015年と比べて8・5%上昇している。実際、周辺の平均賃金相場よりも高めに募集をかけてもなかなか人は集まらない。原材料費に関しても地震や天候不順などの影響を受けて、毎年何かしらの食材調達が高止まりしている感が拭えない。

加えて外食サービス業は、中食や宅配などサービス形態との競合にもさらされていて、安易に価格転嫁しづらい状況下にある。こうした外部環境の変化のなかで、外食サービス各社は同じような経営課題を抱え、頭を悩ませているのではないだろうか。ただこうしたなか、みんなが一様に共倒れかというとそうではなく、着実に収益を伸ばしている企業もある。

　外食サービス業は元来の事業特性として、付加価値が高く、打ち手の幅・生産性改善余地が大きい。環境変化を嘆く暇があったら、現在の環境下での「自社の立ち位置」を冷静に客観的に見極め、「守るべきこと」と「変えていくべきこと」について意思決定し、「必要施策・打ち手」を導出、それを緻密に継続的に実行することに注力していく。そのように発想を転換すべきである。

図表3-5　飲食店（ホールスタッフ）アルバイト・平均時給推移

三大都市圏における飲食店（ホールスタッフ）のアルバイト・パート平均時給推移

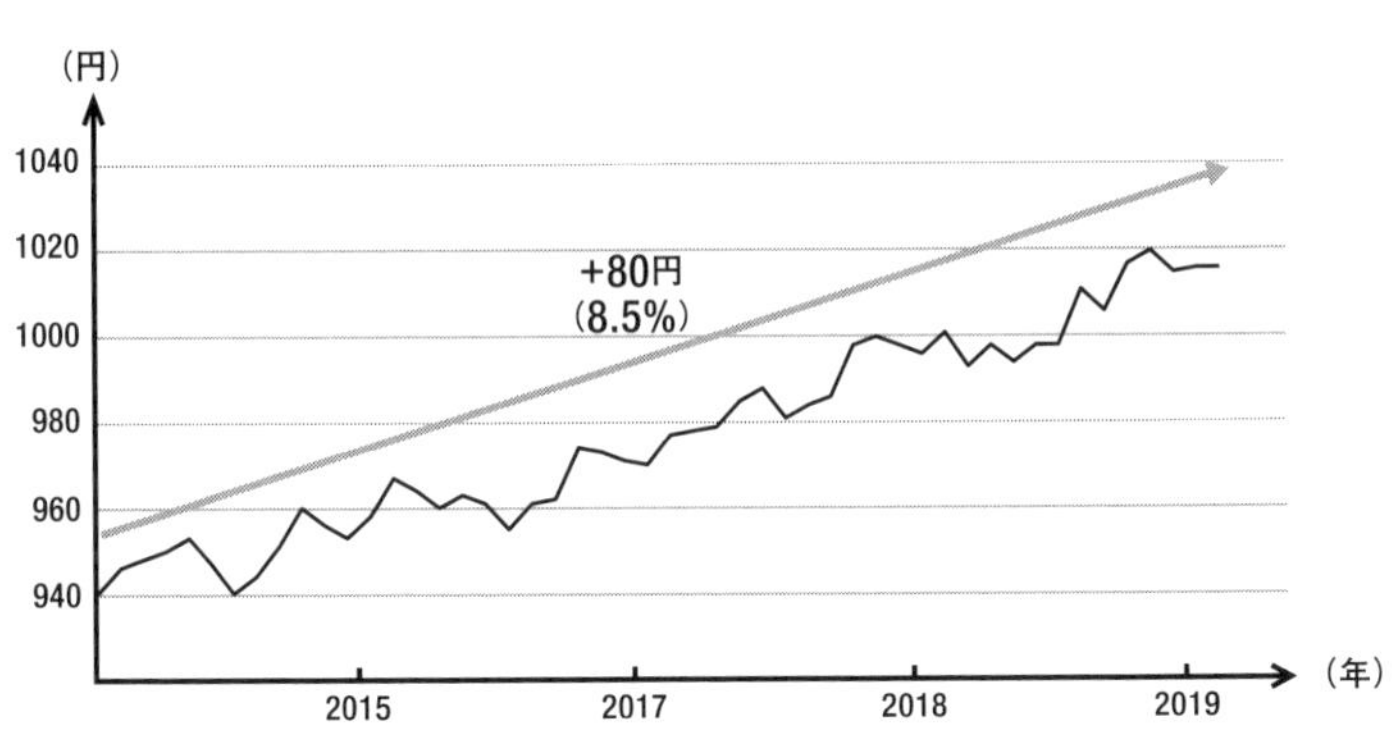

外食サービス業と一口で言っても、運営形態、業態カテゴリー・価格帯・立地タイプ、運営形態、リソース要件は多種多様である。成長拡大を目指す過程のなかで、もともとの出自とは異なるタイプの形態・業態などにチャレンジし、結果として複合体になっているケースもある。

それゆえ「自社の立ち位置の見極め」のときに、自分たちがどういった事業特性を持つ領域で勝負していて、何が強みで、逆に何が不足しているのか。また、外から持ってくるなどして補わなければいけないのか、といった現状把握が重要だ。ただこれができないまま策を打って、落とし穴にはまっている企業は意外と多い。

たとえば、もともとフランチャイズチェーン店舗運営が主体だった企業が「フランチャイザーとしての経験があるし、独自でも直営店ができるはず」といって安易に手を出して失敗するケースがある。

定められたフォーマットに基づいた運営管理ができるマネジャーや店長はいても、業態コンセプトやメニュー構成を一から考えて損益モデル・オペレーションに落とし込める企画型人材が配置できない。それにもかかわらず新業態・直営店をオープンさせてしまうからだ。収益補塡や成長源とするはずだった事業があっという間に多額の赤字を生む問題児になってしまう。

また、飲食業は参入障壁が低く、最初はオーナーが1～2店舗からはじめて一気に多店舗展開化していく企業、M&Aにより複数業態を手中に収める企業など、短期間で急拡大へと突き進んでいくケースも多い。こうしたなかで多業態・多店舗展開に耐えうる仕組みや管理体制を構築しきれないままに走ってしまうと、オペレーションが崩れる。期待する業績が上がってこなかったとしても、何が起こっているのか実態が見えない状態で火消しに奔走せざるを得なくなってしまう。「こんなはずじゃなかった……」と後から思っても、拡大を続けながら軌道修正を図ることは、容易なことではない。

残念ながら上手くいかなかったとき、投資家や融資先から責められたとき、「任せられる人材がいない」「できない社員が悪い」という言い訳をしたり、開き直る経営者がいる。だが、私たちから見ると、経営者が自分の会社の現状について過信せず、自分たちの課題は何かを客観的にとらえ、あらかじめ策を講じていれば、こうはならなかったと思うことが大概だ。

過去の成功体験にとらわれず、「2の矢」「3の矢」を打ち続ける

外食サービス業は、付加価値が高く競争要因が細かく多様という特徴を持つ事業の典型的な例である。図表3－6にあるように、外食サービス業のコスト構造をみると、FLR＝材料費（Food）、人件費（Labor）、賃料・設備費（Rent）の占める割合が多い。材料費はメニューミックスや店舗ロス管理、人件費は店舗のシフト・タイムスケジュール管理、賃料・設備費は立地戦略・店舗開発など、各企業の戦略・オペレーション巧拙によって差がつく要素が多い。

顧客の選択理由・競争要因は、店舗の立地や内装、価格、提供商品の品質、店の雰囲気、接客サービスなど多岐におよび、オペレーション戦略変数（打ち手の選択肢）の幅が広い。そのため打ち手次第で、客数・客単価・売上を短期間で劇的に向上させることも可能になる。

ただし外部環境の変化や顧客ニーズの多様化など、変化の波が激しい業界なので、過去の成功体験に過度にとらわれてしまったり、現状維持的な発想に陥ってしまったりすると、

逆に衰退してしまうのも恐ろしいほど早い。生き残り、成長を続けていくためには、

・「2の矢」「3の矢」を仕込みながら時流に即した適切な業態ポートフォリオをつくること
・オペレーション改善・生産性向上策を高いレベルで徹底してやり続けること
・組織管理体制を自社の規模・特性に適した形で構築すること

が、特に肝要である

では、ここから具体的に生産性・収益性向上の打ち手として、どのようなことが考えられるのか、「施策を導入してから実行」に際して、どのようなことに留意すべきかについて見ていこう。

図表3－6にあるように、生産性向上策を要素分解すると、分母（コスト面）――人員配置をいかに最適化・効率化するか、分子（売上面）――顧客に対する付加価値・集客力をいかに高めるかに分かれる。

図表3－6　生産性向上要素分解

生産性向上	＝	分子（売上面） 顧客に対する付加価値・集客力向上
		分母（コスト面） 人員配置最適化・効率化

①人員配置をいかに最適化・効率化するか

・「店舗シフト」をコントロールする

労働時間・人件費の最適化の観点で、特に効いてくるのが各個店ごとのシフトコントロールである。多店舗展開型の外食サービス業において、本来の業態フォーマットで同じ売上高であれば、人件費率は同水準のラインにくるべきなのだが、図表3－7のように横軸に売上高、縦軸に人件費をとると、相当にバラついている、というケースをよく見かける。

どうしてこういったことが起こってしまうのか。

シフトコントロールができている店

図表3−7　売上高×人件費率分析

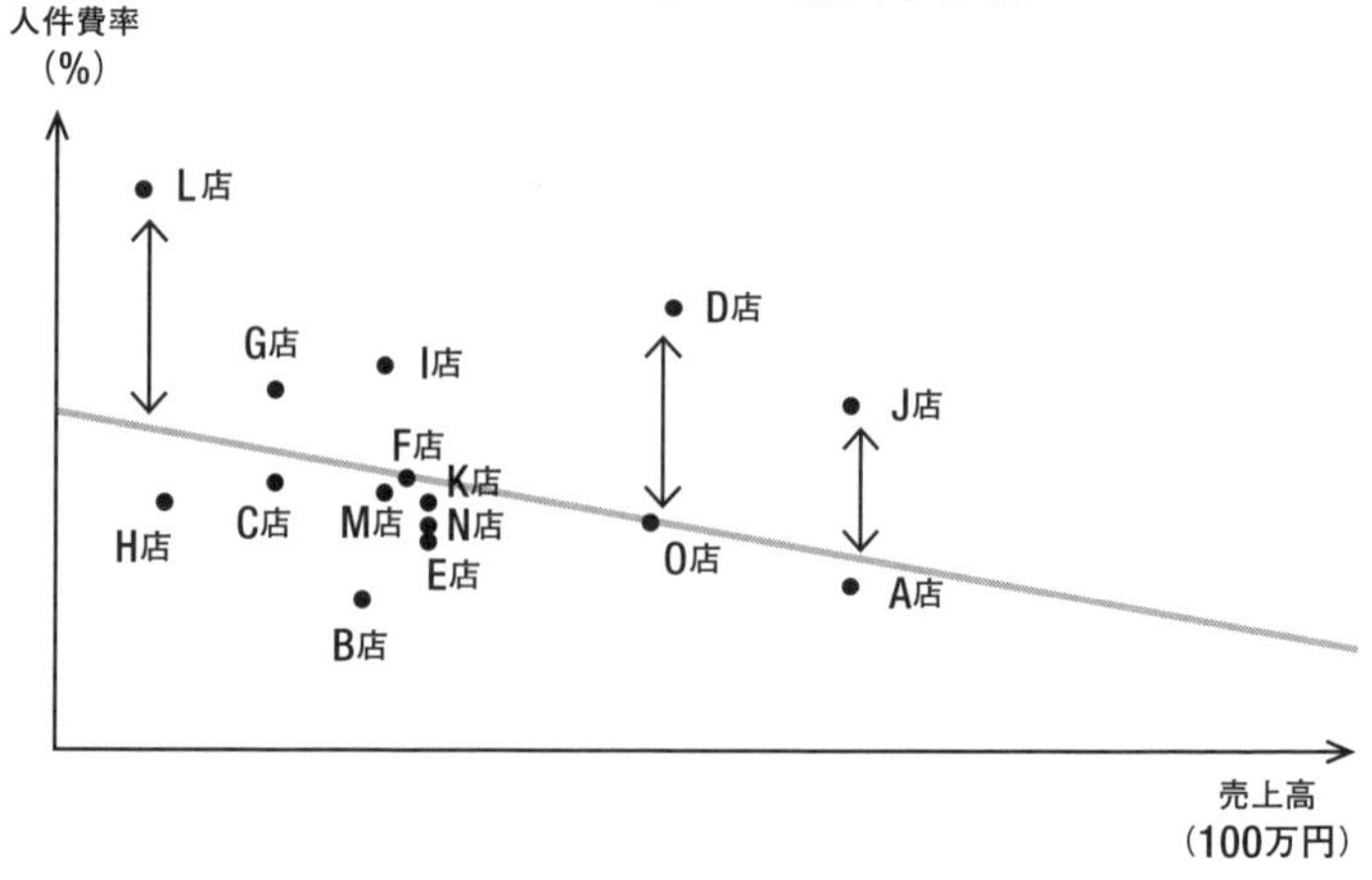

舗とできていない店舗の違いを掘り下げていくと、客数予測と人の配置の読みのズレ以前に、そもそも店長のシフトを決めるときの組み方に個人のクセや問題が生じていることがある。

特に、急激に店舗数を拡大したケースは要注意で、需要予測やシフト管理のシステムを導入したから安心だと思っていても、それを運用する個店のチェック管理体制が機能していなければ、想定した人件費の範囲内には収まらないという事態になってしまう。

この店舗マネジメントのＰＤＣＡ管理は、いったんできたとしても油断するとすぐ緩んだりするので、経営者・マネジメント層は根気強く継続的に目を光らせ続けられるのか、特に意識したほうがよい。

・メニューミックスと工数管理を考える

外食サービス業はコスト構造からみても、フードと人件費コストのコントロールがキーとなる。だが、店舗にどのくらいの人員を要するかは、メニュー品目数とメニューミックス、外部からの材料加工品調達と店舗での調理加工の割合に大きく関わってくる。

メニューについては商品企画の担当者、店舗人員構成については店舗運営の管轄など、部署が分かれていることもあるだろう。しかし、各店舗のスタッフの行動レベルまで想定に入れて緻密にプランを組んで行っておかないと、メニューの絞り込みや店舗加工対象アイテムの調整を実施したのに、店舗人件費は思ったように減らず……という事態に陥る。

厨房スタッフ構成として、焼きもの担当はX名、揚げもの担当はX名、麺類担当がX名など、そもそも固定的に必要な最低人数がX人と決まっており、厨房機器レイアウトや導線の問題が動かせないなら、多少のメニューの絞り込みだけで人員削減につなげることは容易ではない。

逆に、バラエティ感が売りのお店が下手なメニューの絞り込みをすることによって魅力を削いでしまい、結果、集客力を落としてしまうことにもつながりかねない。

・ITや機械を導入して省人化を進める

外食サービス業全体として人材確保が共通課題となっており、店長として正社員を配置するのに苦心している企業も多い。首都圏のみならず、地方でも人手不足が叫ばれていて、パート・アルバイトを安定的に集めるのも至難の業だ。旧来とまったく同じやり方をしていたら人件費はかさみ、収益悪化の一途をたどってしまう環境下で、多くの企業がＩＴ化・機械導入に投資をして省人化を図ろうとしている。

テクノロジーを活用して省人化をいかに実現していくかは、押えておくべき重要なテーマであることに間違いはない。

つまり、自社の業態・店舗立地タイプ、顧客特性など複合要因を鑑みたうえでの見極めが必要だ。回転寿しやファミリーレストランチェーンは、タッチパネルを導入し、ホールスタッフの人員配置の極小化を推し進めている。これは自然の流れだ。居酒屋業態でも、駅に近い立地で時間に追われている人がちょっと一杯飲みに立ち寄るような店であれば、タッチパネル注文で待たされることなく料理がスムーズにでてくることはプラスに働く。

地方郊外型居酒屋で、常連客がゆったりした雰囲気のなかで店舗スタッフの接客サービスの心地よさにも価値を感じているお店では、下手にタッチパネルを導入すると、「機械的で味気なくなってしまった」とお客様が感じて、足が遠のいてしまうこともある。このように機械導入で効果を上げるためには、前提として自社の業態・店舗がＩＴ化に適しているのか。お客様の属性やお店の雰囲気・価格帯を踏まえたうえで、考えたほうがよい。

②付加価値・集客力をいかに高めるか

・店舗の雰囲気づくり、料理提供の工夫をする

生産性向上の分子の部分、顧客に対する付加価値といったときに考えなければならないのは、顧客に対してどういった空間を提供して、どういった料理・サービスを出していくのか。これは企業・経営者としての根っこにある思想、ＤＮＡによって大きく異なるものであろう。

業態コンセプト、店舗ＰＬモデル、必要収益を考えたときに、大所のコストＦ（Food）Ｌ（Labor）Ｒ（Rent）をどういう構成にしていくのか。Rent（家賃や地代）の部分は立地もさることながら、店舗の外観や内装で目を引くデザインにして顧客に訴求していくのか、必要最低限のシンプルな内装ながら、質のよいものを長く使っていくのかなど、店舗デザインをどうするかも重要な要素になる。

特にこの領域で注意すべきことは、お客様が引き寄せられる居心地のよい空間をどうつくっていくか、ということだ。「昔、流行ったけど、いまは流行らないよね」「こだわりがあるのかもしれないけれど、なんだか押しつけがましくてチグハグな印象だな」といったような失敗があるケースに陥っていないかどうか、一度、見直してほしい。

・好印象な店舗づくりと接客の向上を徹底する

好印象な店舗づくりをするには、QSCAが必要になる、では、QSCAとは何かだが、

クオリティ——品質の高い料理を提供する
サービス——お客様へ質の高いサービスを提供する
クリンリネス——衛生的な店舗を維持する
アトモスフィア——店内でくつろげる雰囲気を提供する

ことだ。外食サービス業の業績改善の支援をするときには、いつも相当数の店舗を実際に訪れ、顧客の入り状況や顧客の質を確認する。一例を記載するが店舗オペ

レーション状況を念入りにチェックすることにしている。

・スタッフ配置――店長の動きはどうか？　どんな役割の仕事に何人が配置されているか？　手の空いている暇そうな人はいないか？
・店の雰囲気・サービス――店内に活気があるか？　スタッフの挨拶・対応はどうか？　料理や飲物の提供スピードは適切か？　おすすめメニューの見せ方・オーダー対応、注文の声かけはスムーズか？
・レイアウト・清掃状況――客席やトイレなど、すみずみまで清掃が行き届いているか？　清潔感があるか？

ＱＳＣＡという言葉自体は当たり前すぎて、外食サービス業に携わる人であれば知らない人はいないと思うが、これを高いレベルで維持・向上し、続けられる企業は強い。一方、業績を少しずつ落としている企業は、意外と実態ベースでこれが崩れてしまっているケースが多い。

売上・利益を伸ばし続けている優良店舗と赤字問題店舗を訪問すると、立地の問題以前に、各個店の店長やスタッフの努力でいかようにでも磨き上げられるはずのところに手がまわらず、差がついてしまっていることに気づくことがある。「なんでこんなに明らかな違いがあるのに、放置されてしまったのか」と、愕然とする。

たとえば、いろいろな店舗を見てきた私の経験から言えば、サービスに関しては、特に「入口と出口の対応」が重要だ。入口（スタッフがお客様をお迎えしてファーストオーダーをとるまで）、出口（お見送り）の対応がしっかりできているかどうかで、お客様が抱く印象、顧客満足度は大きく変わってくる。

経営者・マネジメント層であれば、この部分の重要性を認識して現場のスタッフに徹底できているかどうか、店長や店舗スタッフであれば、自らのふるまいはどのレベルにあるかを省みてほしい。

・「顧客の憩いの場」として外食の可能性を探る

顧客に対する付加価値をいかに高めていくかというときに、「2の矢」「3の矢」を仕込み放ちながら時流に即した適切な業態ポートフォリオ構築していけるかどうかは特にキーになる。

今後は既存の外食サービス業の概念やカテゴリーに留まらず、発想を変えてみることも必要になってくるだろう。人々が食を起点・接点として求めていることは何なのか。それを考えたときに、人が集い、つながる場として今後、食の文化を伝えていくプラットフォームとして外食産業の可能性は、大いにあるのではなかろうか。

環境変化の影響は働き方改革の流れもあり、企業での飲み会の位置づけも変化している。旧来は季節の変わり目や歓送迎会シーズンに、会社主催で大々的な飲み会を開催していた企業であっても、「その飲み会は業務としての位置づけですか?」などと、若手社員に問いかけられることもあると聞く。

かたや副業・兼業をする人も増えており、首都圏で働きながら週や月に何日かは地方で地域貢献をしてい

図表3−8　外食サービス業のコスト構造

営業利益	販管費			売上原価
	販売費	設備費 （賃料など）	人件費	材料費

←――――――――― 付加価値 ―――――――――→

る人も珍しくない。

オペレーションを堅実に抑えて収益を確保しながら、時流や潜在ニーズをうまくとらえて、次の一手を打つことをビジョンとして掲げていく。それを実行推進していく役割の椅子を用意し、若いうちから思い切って裁量を持たせて育てる。そうした取り組みができる企業であれば、きっと活きがいい若手人材が引き寄せられてくるはずだ。

【宿泊業】

事業ごとに最適な「KPI」を決め、追いかける

ホテル・旅館などの宿泊サービス業は、複数の顔を持っている。

そもそもホテル事業は周辺に関連する事業を抱えているケース、たとえば、観光・レジャー、飲食、小売、不動産などが傘下に持っていることが多い。加えてホテル事業そのものが二つの顔を持っている。一つはよく言われるように「資本集約型」の顔。大型の設備投資や一定期間ごとの維持更新・リニューアル投資が必要で、収益を上げるためにはハコモノ設備の稼働率をいかに高めていくかが重要だ。もう一つは、「労働集約型」の顔である。提供するサービス・オペレーションは多数の社員、パート・アルバイトに支えられており、「収益性」と「労働」の生産性改善は、切っても切り離せない関係にある。

ホテル事業で収益性を上げるには稼働率を気にしつつ、他方で労働生産性をケアし、加えてそのほかの関連事業もケアしていかなければならない。さらに、イベントや天候も相

手にするといった複雑方程式的な経営を求められる。ただ、私たちの経験で言うと、この方程式を自覚できていない企業、経営者は意外と多い。すべての事業体に対して、それぞれの事業特性を無視し、一律の管理手法「ＫＰＩ」（重要業績評価指数）を導入しているケースがあるのだ。

たとえば、流動的な人員に対しても設備的な発想を持ち、人件費を固定費として考えている企業、稼働率ばかりを気にし、価格に対して無頓着な企業はこのケースにあたる。そういった企業の収益性は、当然であるが低い。「事業の特性に合わせて正しいＫＰＩを設ける」ことは、経営改革の第一歩だ。

最初に宿泊サービス業は複数の顔を持っていると述べたが、一つひとつの顔、事業はシンプルだ。それほど特殊な事業はない。それぞれの事業特性をきちんと理解し、丁寧にＫＰＩを設定する。そのうえでＰＤＣＡをまわしていけば、収益向上を図るときの押さえどころは決して外さないはずだ。

また、日本における宿泊サービス業市場の概況を整理してみると、近年、アジアを中心として訪日外国人需要の高まりがみられるなどインバウンドを含めた宿泊者数は増加、大都市圏を中心にシティホテル・ビジネスホテルは高稼働の状況が続いている。また、外資系ラグジュアリーホテルが相次いで日本市場への参入を果たすなど、ハイエンドホテル市場も活況の様相をみせている。

一方、国内の地域観光・地域経済を支えるべき存在である旅館全体の平均稼働率は、図表3－9にあるように30％台の低水準で推移している。

昔のような集客力が見込めなくなり、供給過剰状態が続いている地域温泉旅館街などでは、淘汰も進行している。ただ、旅館業界には未来がないとも言えない。目立つ観光地に隣接しているわけではなく立地的に恵まれない中小規模の旅館であっても、オーソドックスにやるべきことを徹底的にやりきることによって、赤字状況から瞬く間に黒字化を果た

図表3－9　宿泊業稼働率推移

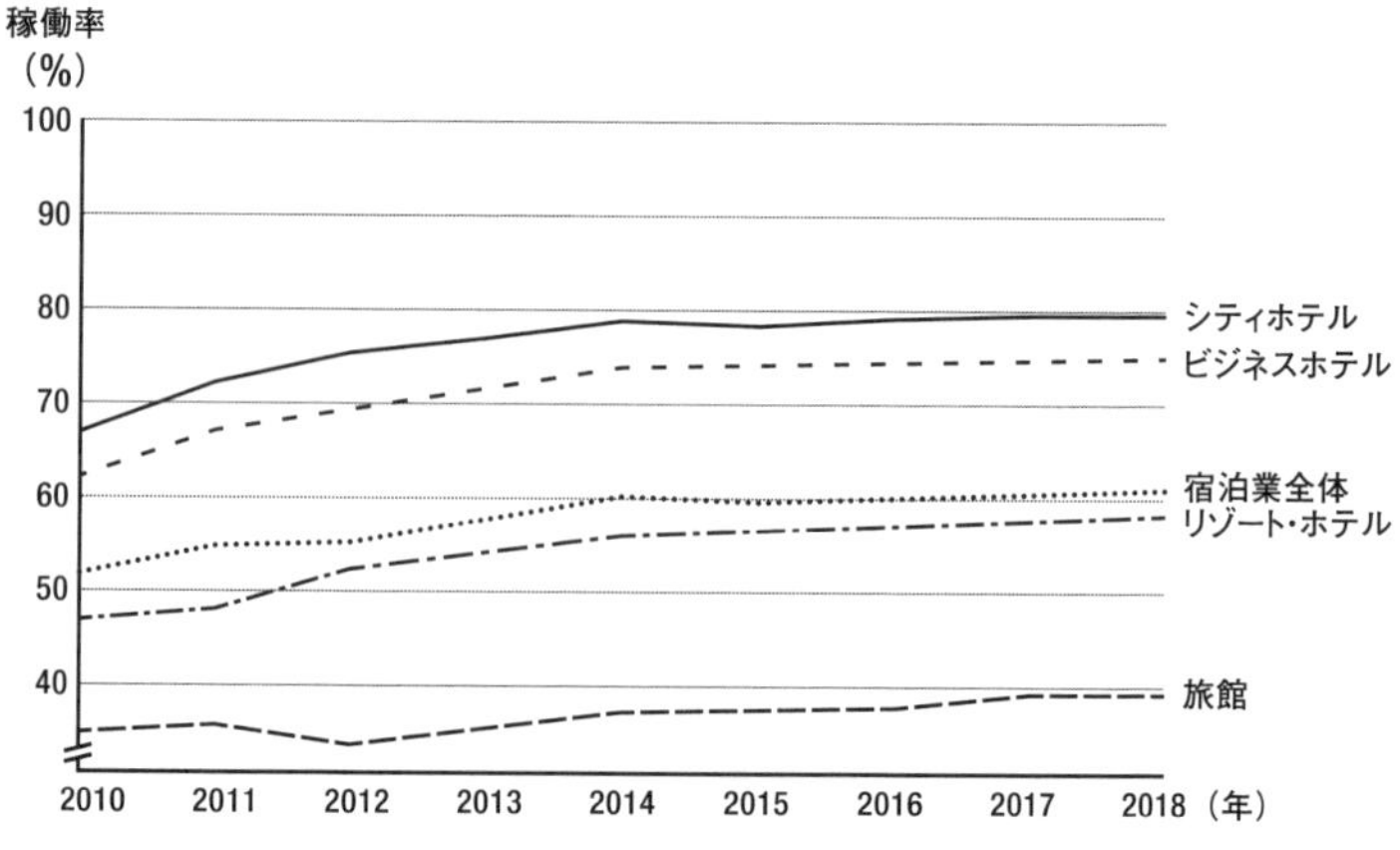

した事例もある。

昨今の地方中小規模の旅館の再生事例の中には、おもしろいことに先代オーナーから引き継いだ2代目や思いもよらず旅館の嫁・娘婿になった異業種出身の若い世代が活躍しているケースもある。

そうしたケースでは、製造業をはじめとする他業種で進んでいる「情報の見える化や共有化」のエッセンスが、上手く具体的に注入されているのが特徴である。地方の中小規模のホテル・旅館には長年の経験と勘を頼りに、紙ベースの昔ながらのやり方で運営管理をしている企業も、まだ相当数存在している。しかし、裏をかえせば、まだまだやるべきこととして、「収益性・生産性改善余地が眠っている」とも言える。

では、ここからはホテル・旅館などの宿泊サービス業で考慮すべき要素、具体的な打ち手について見ていこう。

①施設の稼働率を向上させる・日々の数値管理のしくみをつくる

宿泊業では、設備投資回収・資本効率の観点から、稼働率管理や一部屋当たりの収入を最大化するためのイールドマネジメント（客室の稼働率と収益性を最大化する手法。稼働率の状況に合わせて客室単価を柔軟に変動させる）管理など、日々の指標数値管理の巧拙が収益の良し悪しを大きく左右する。繁忙期には値段を上げ、閑散期に値段を下げるなど、シーズンごとの価格設定に加えて、宿泊予約状況に応じて柔軟に価格設定を変更していくことも効いてくる。こうしたイールドマネジメントの仕組み導入は、一定程度のシステム化も必要だ。パソコンを使ったことがないという中小規模の宿泊施設では、躊躇することもあるだろう。

しかし、何が起こっているのか、数値で見えない限り、ドンブリ勘定・経験と勘の世界からは前に進めない。いまは簡易・安価に導入可能なツールもいろいろとあるので、まずは「見える化」する。そこから打ち手を考えていけば、いままでとは違ったことができるはずだ。

・「顧客満足度」「サービス向上」策を決める

顧客が宿泊施設を選ぶときの要因は多岐にわたっており、ネットや雑誌媒体など図表3-10左のようなレーダーチャートや点数評価がつけられている。宿泊施設を選ぶ際は、「○○に近い便利なところはこちら」「地元の食材をふんだんに使った料理がいただけるのはここ」「スタッフの感じがいいのはこのお店」と言ったように目的に応じて、優先する項目・要素で評価がなされている。

実際に宿を決めてからは、図表3－10右のように、予約をとる段階の入口から出口まで、実に多様な側面から良し悪しを見極めて「リピートするか」「次はないか」などの判断をしている。顧客が何に重きを置くのかは、ケースバイケースで一概には言えない。

しかし、出張するビジネスマンのように「便利に泊まる」というよりは、

図表3−10　外食サービス業のコスト構造

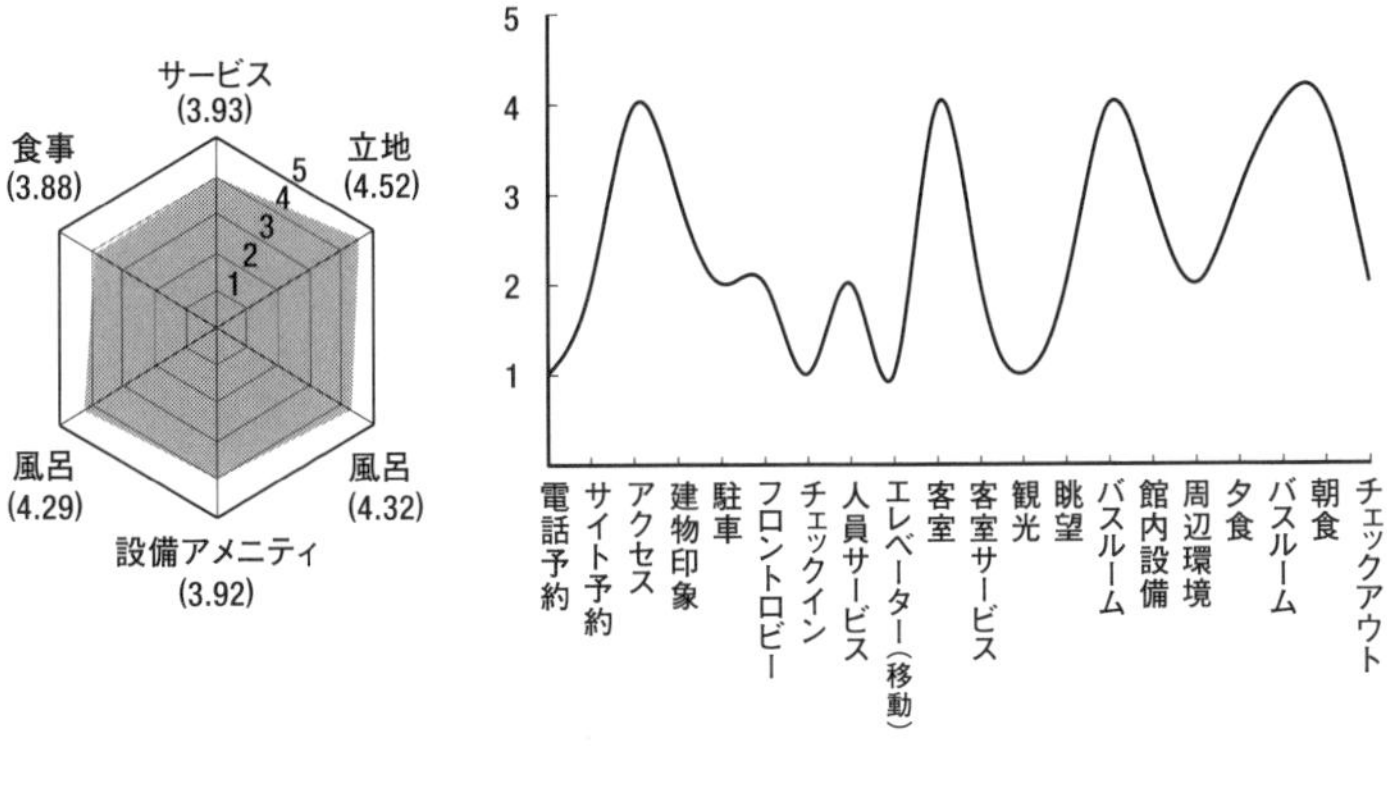

宿泊する「時」だけでもリラックスしたいという顧客に対して、「料理」「接客サービス」の質が崩れていたら、多額の投資をかけてハード面が充実していたとしても、「顧客リピート率」は望めない。逆に1回の宿泊で何か特徴のあるよい印象が残せれば、固定客がつき、収益の安定化につながる。

・集客チャネルの戦略を立てる

売上向上策としては、まず、宿泊売上をいかに高めるかが焦点となるが、集客に苦戦している企業を見ていると、過去に宿泊した顧客の情報が十分に活かされていないことがよくある。あるいは、紙やネットなどの情報がバラバラに蓄積され、一元管理されていないなど、非常にもったいない状況にあることが散見される。

こうした企業では、まずは大事な財産である顧客情報の管理の仕方を見直して営業活動に活かすことからトライしてほしい。

すでに顧客情報管理がしっかりとできている企業に関しては、集客をどう図るかもポイントだ。国内顧客の動向を見ても旅行会社経由からネット予約に徐々にシフトしてきており、インバウンド顧客の取り込みを考えると、ネットは外せない。

初期の段階では、大手ネットエージェントを活用していくことも有効だが、多くのユーザーは宿泊先選定時にエージェントサイトに加えて、宿泊先の自社サイトも閲覧している。また、送客手数料なども相当程度かかってくるので、次のステップとしては、いかにして自社サイト経由での予約に誘導していくかも工夫していく必要がある。

・婚礼、宴会、飲食で売上を獲得する

一定規模以上のホテル・旅館では、客室以外にも婚礼・宴会などの催事施設やレストランなどの併設するケースも多い。これらの施設は億単位の投資がかかってくるうえ、流行りすたりの影響も受けやすい。どのタイミングで投資・リニューアルを行うか、慎重な経営判断が求められる。

最近は企画力、運営力に優れた高級ホテル・旅館内のレストランの企画運営を積極的に行う食関連企業なども出てきており、集客力を高めたいときに、自社で担うべきか、一定領域を他社に任せるべきか、どちらが得策か、自社リソース、能力を冷静に考えたうえで決めていくことが求められる。

②固定費・経費の改善をする
・労働のアイドリングを減らす

地方旅館などでは住み込みで働く人も多く、運営人員を固定的に抱える傾向が強いが、予約業務係、フロント係、接客係、清掃係など、それぞれに要員を配置しなければと決めつける必要はない。ここで押さえておかなければならないことは、ホテルや旅館は、同じ時間帯にお客様がやってきて、同じ時間帯に食事をして、同じ時間帯に帰っていく、労働のハイタイムにアップダウンがある職場なので「多能工化」がキーになるということだ。多能工とは、一人で複数の異なる作業や工程を遂行する技能を身につけた作業者のことである。

お客様の行動・流れに準じて、複数の業務を一人でこなせるようにして、労働力のアイドリングタイムを減らすことができれば、必要配置人員数は抑えられ、労働生産性は格段に向上する。

客室数や受け入れ客数が限られている中小規模の宿泊施設では特に、多能工化を上手く実現できれば、顧客サイドからみても「フロントで感じのよい対応してくれた人が、自分のことを覚えてくれて、きめ細やかな接客サービスをしてくれた」と好印象をもたらし、その結果リピートにつながる可能性も秘めている。

・情報伝達・共有を徹底させる

宿泊業ではチェックイン・チェックアウトの時間、送迎希望の有無、食事時間や内容など、お客様からの事細かな要望が入り、時にそれは刻々と変化する要望どおりに対応するのは基本で、付加価値・サービスに重きをおくホテルや旅館では、そこにいかにプラスのサプライズをつけていくかに尽力している。

そうしたなかで、お客様からうけた情報に対してスタッフ間での伝達・共有に遅れやミスが生じると大きなクレームにつながりかねない。

トラブルの多さや人件費の重さに課題を抱えている企業で業務分析・業務の棚卸をすると、情報伝達や共有でミスやトラブルが起こりやすい業務や重複業務があぶり出されてくると同時に、伝達・確認チェック作業を含めた裏方業務に多くの時間を費やしていることに気づくことがある。

ミスやトラブルを防ぎつつ裏方業務を減らし、接客の時間を増やすことができれば、サービス向上の観点でも人件費（工数）コントロールの観点でもプラスとなることが見込める。

・「働く・休む」のメリハリをつける

昨今、働き方改革の波が押し寄せているが、ホテル・旅館業も例外ではない。従業員のサービスの質や生産性を向上させるためには、働くときと休むときのメリハリをつけること、その環境づくりが欠かせない。宿泊業は繁忙期、閑散期が比較的はっきりしているので、経営者・マネジメントサイドとしては、ムダのない要員配置計画やシフトを組むことは欠かせない。

また、ホテル・旅館業であっても年中無休というわけではなく、休館日を設けて従業員をリフレッシュさせ、改装工事や設備メンテナンスを集中的に行う企業も出てきている。

休館日を増やしても売上は落ちなかった、むしろ伸びた、というところも意外とある。考えてみると宿泊業の真価は、結局のところ、そこで働く人のサービスの質で成り立っている。

そうした意味で従業員が休館日を使って他の宿泊施設やサービス施設から学び、よい刺激を受けリフレッシュしてくれることは、自社のために日々、よりよいサービス追求に尽力してもらうためにも必要なことだろう。

地域金融機関として「苦い良薬」を処方する

業界全体として苦戦している地方旅館を含めて宿泊サービス業は、企業努力・創意工夫により収益改善できる余地はいろいろある。しかし、一方で、一企業だけの努力ではどうにもできないこと、地域全体の問題として考えなくてはいけないことも存在する。

地方の温泉街など観光地の立地するホテル・旅館は、それぞれ日本国内と海外のお客様をいかに取り込むか、あの手この手を考えて、収益改善に努めている。たとえば、インバウンドを取り込むために、予約サイトやホームページの多言語対応はもちろんのこと、写真・動画を多用した観光資源の魅力を海外旅行者、代理店にわかりやすく伝える努力をしている。また最近では、通信業者、カード会社と連携し、旅行客の行動、購買様式を把握し、自分たちのサービスに活かしている企業も出てきている。

しかし、各地域内での需要と供給のバランスが崩れ、過度に供給過多の状況に陥ると、慢性的な空室状態が発生し、地域内のどの旅館も稼働率を上げるため価格を下げざるを得なくなる。地域全体として構造的な安売り・低利益体質に陥ってしまうこともある。

そのなかで、あるところは露天風呂を刷新、あるところは飲食施設のリニューアルといったように、一様に自社の企業体力以上の無理をして設備投資を重ねてしまうと危険だ。それが起死回生につながればよいが、むしろ傷を深め、赤字施設を増やすことになりかねない。

「観光客の減少⬇各旅館、ホテルの収益低迷⬇設備・サービスレベルの低下⬇エリア全体のイメージダウン⬇さらに観光客が減少」といった負のサイクルは避けなければならない。

こうした兆候、観光客やブランドの低下が見えてきたら、最悪の事態になる前に地域全体としての生き残りの観点で、集約化・淘汰を考えていく必要がある（図表3－11）。

実際、産業再生機構時代に関わった日光・鬼怒川のケースも需要に対して旅館数が明らかに多すぎるのを長らく調整できないでいた。それにもかかわらずそのまま、温泉地全体で過度な安売り競争を続けてしまったことが、事態悪化の根本原因である。

このケースは産業再生機構と地域金融機関が主導して何らかの特徴を有し、地域の核と

図表3−11　経営の「取りうる戦略」の方向性

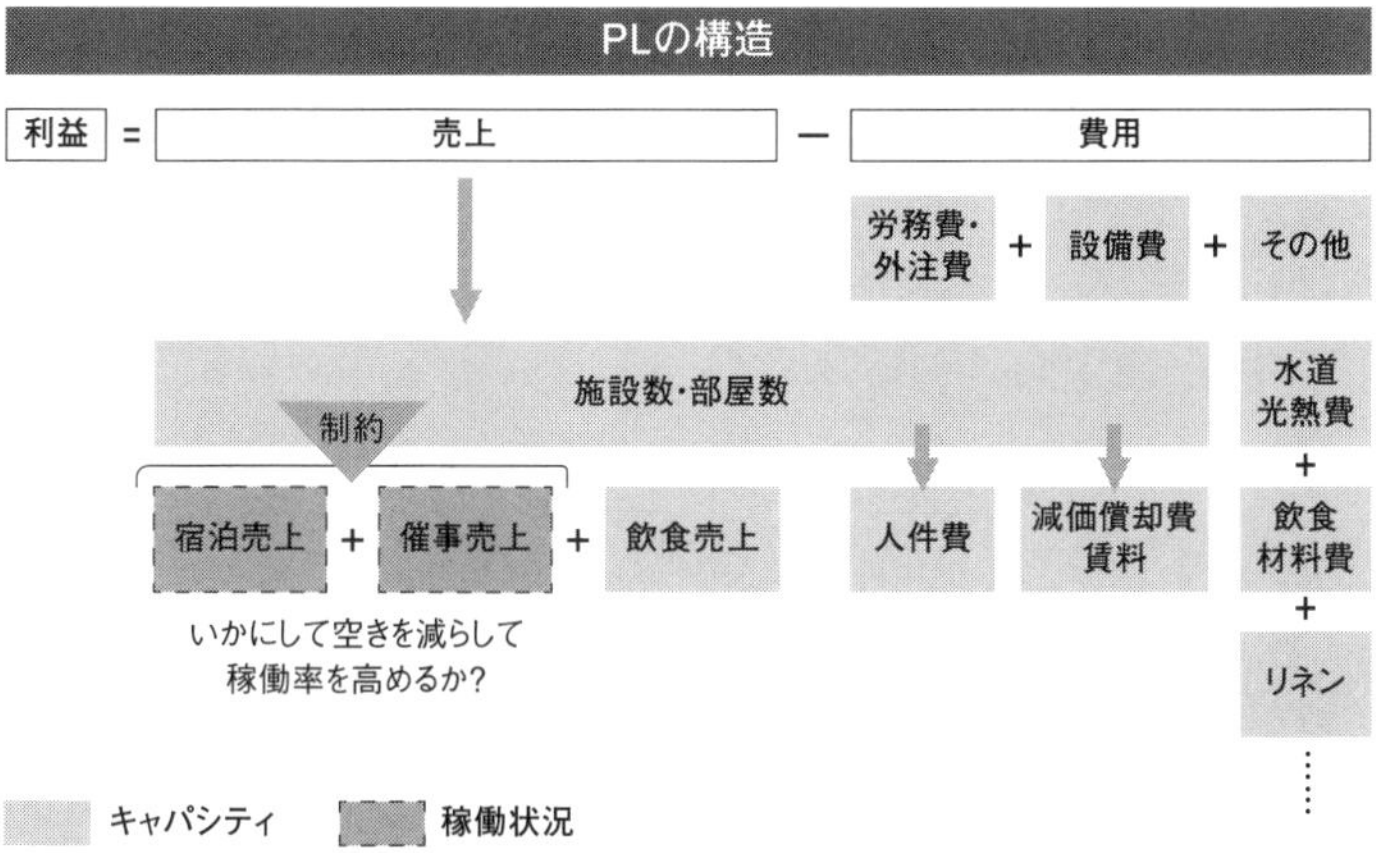

取りうる方向性

売上・利益

稼働率の向上

・固定的に発生する費用が大きく、売上水準によって利益が大きく変動するため、まずは安定した宿泊・催事利用の確保が必要

・売上増加による限界費用が小さい場合は、単価が低くても固定費回収のため売上を積み上げ（ただし、既存取引の条件に悪影響が出ないように工夫は必要）

付加価値の向上

・リニューアル投資による施設水準の維持、ブライダルプランナーによるアドバイス、地域食材を活かした飲食など

費用

慎重なハコモノ投資と固定費の削減

・減価償却費や賃料などは設備投資の段階で決定されるため、特にキャパシティを増やす投資は見極めが必要

・設備関連の固定費が大きいため、人件費を中心としたその他の固定費の最適化（リネンなどの変動費部分も継続的に削減努力）

なる企業を軸に集約化を推し進め、悪循環を断ち切り、競争環境を良化することを断行した。資金繰りに窮し、債務超過に陥って倒れる旅館が続出して荒廃が進み、いよいよどうにもならなくなってからでは遅い。地域としての魅力度が下がってしまう前に、早い段階から将来を見据えてしかけていくことが重要だ。

【医療・介護サービス】

「売上の向上」と「効率性」の両方を追いかける

医療分野は、閉じた特殊な世界と思われがちだ。実際に他の業種に対しては経営改善を強く求め、指摘をする銀行も病院に対しては二の足を踏んでいるケースが多い。確かに特殊な面もあるにはある。人の健康、命を扱っている職業上、組織の価値観や体制は一般の企業と異なる面は存在する。

ただ経営改善としてはやるべきこと、手法は一般の企業と変わらない。むしろ大幅に収益を改善できる業種だと私たちは考えている。たとえば、事業再生という観点で見たときに医療機関は「売上を伸ばしながら収益改善」することができる数少ない業種だ。

一般的に小売業やサービス業は生産性改善や企業再生というとコスト削減をメインに考える。なぜなら、売上は業界特性や消費者環境に左右されるためだ。ゆえに事業再生フェーズでは、悲観的かつ市場環境のリスクなどを踏まえたダウンサイドを織り込んだ売上を前提にコスト削減やリストラを実施する。売上は落ちるが、利益額・率は向上する計画を策定するのが、事業再生計画における王道だ。

他方で、病院やクリニックの生産性改善や事業再生のアプローチは少し異なる。当然、コスト面や投資採算性の改善という施策も取るが、並行して売上面・マーケティングの施策の検討に注力する。なぜなら営業（特に地域内連携）により、確実に刈り取れる改善効果が見て取れるからだ。実際に、私たちの経験を言えば、病院や医療機関の再生は売上を伸ばしながら、収益率を上げてきた。医療・介護サービス分野は、それだけマーケティング・営業について放置されてきたとも言える。

「サイエンスの経営手法」を導入する

ここで現在の医療機関の経営状況を整理したい。厚生労働省が実施した「第21回医療経済実態調査」によると、2016年度の一般病院（国公立を除く）1施設当たりの平均損益差額率（企業の営業利益率に相当）はマイナス0・3％と、業界全体の収益性は低水準だ。

団塊の世代が75歳以上の後期高齢者となる2025年を前に、実質的に最後の診療報酬・

介護報酬の同時改定として注目を集めていた2018年改定では、かろうじて診療報酬は、プラス0・55％、介護報酬はプラス0・54％と改定となったものの、わが国の人口構造に鑑みると、今後さらなる診療報酬・介護報酬の伸長がある。マクロ視点からみた医療法人の経営環境は、今後一層、厳しさを増していくことが予想される。

ただ、そのような環境のなかでも、高い収益性を生み出している医療機関や経営改善の事例が生まれてきている。私たちが医療・介護サービス業界の経営改善に携わるなかでも、医業経営者のマネジメント意識の向上や一般事業会社の経営手法の導入、業界内でのベストプラクティスの蓄積や共有が進みつつあることを肌で感じている。

では、具体的に医療施設の収益改善施策には、どのようなものがあるか見ていこう。

①地域内ポジショニングを考える

・徹底的に自院の強みを活かす

医療・介護サービス業は、全国から顧客が集まってくる一部の大学病院を除いて、顧客のほとんどが近隣住民であり、地域性が非常に高い事業である。また、日本では病床数200床未満の病院であっても、根強い「総合病院志向」もあり、複数の診療科を標榜《ひょうぼう》している病院が数多く存在する。その結果、小さな地域内においても、同じような病院が乱立し、医療サービスの過剰供給となっている地域も少なくない。

医療機関の収益性・生産性向上に際しては、まずその地域の需給状況や競争環境を前提として押さえたうえで、地域の周辺医療機関との機能分化を進める。そして自院の得意領域にフォーカスする「地域内ポジショニング」を考えることが、極めて重要となる。

①具体的に検討プロセスを考える

・地域内の需給状況をつかむ

二次医療圏など対象診療圏における既存／基準病床数や人員数、地域内の各医療機関の診療科や急性期／慢性期の別など、需給状況を把握することが肝要だ。明らかに供給過多、あるいは過少な領域が複数存在するなど、全体最適化されていないケースは意外と多い。

・自院機能と医療機関の現状を知る

次に、把握した地域内需給状況をベースに、自院が持っている機能が他の医療機関と過度に重複していないか？　競争の密度が高い診療科や機能ばかりにフォーカスしていないか？　省みてほしい。

医療機関も一般的産業の市場構造と同じであり、供給過剰状況は避ける必要がある。小さい市場、エリアで患者を取り合っていても、収益は確保できない。また、地域の医療需要に対して、供給が十分ではない空き地的な診療科はないか？　新設すべき診療科はないか？　といった視点で検討を行うことも重要だ。

・各診療科の採算性を検証する

地域における需給状況と自院の各診療科の採算性を比較することで、低収益性の原因が地域内の診療シェアにあるのか？　オペレーション効率の低さにあるのか？　について把握することが可能になる。このような分析は、地域における医療サービスの最適化と自院の収益性改善を両立させる診療科構成への絞り込みを行っていくことにつながる。

②地域医療の連携促進をする

集客、売上を向上させるには、地域医療連携を進めていき、自院への紹介患者を増やしたり、病床回転数を向上させることが肝要だ。実際にそのような努力をしている医療機関も増えてきている。私たちが関わったケースでは、診療科目や医療サービスの絞りこみを行い、専門性を高めた病院のほうが、近隣の病院ともうまく機能分担して、連携できてきている。

たとえば、急性期と回復期の病院の連携などを図り、結果として集患に成功している事例は数多く存在する。救急的な治療とその後のリハビリテーションを病院間で連携したパッケージで提供できれば、患者も安心して治療を受けることができる。

③「入院収入」「外来収入」のオペレーションを改善する

病院の損益構造（図表3－12）を見てわかるように、病院の収益の柱は入院収入と外来収入で、計算式は「患者数×単価」で成り立っている。単価は所与なのでコントロールはむずかしい。しかし、患者数は地域内のポジショニングと連携強化によって伸ばすことは可能だ。病院の主たる費用項目は、職員給与の人件費、病床・

図表3−12　医療施設の「収益改善」施策例

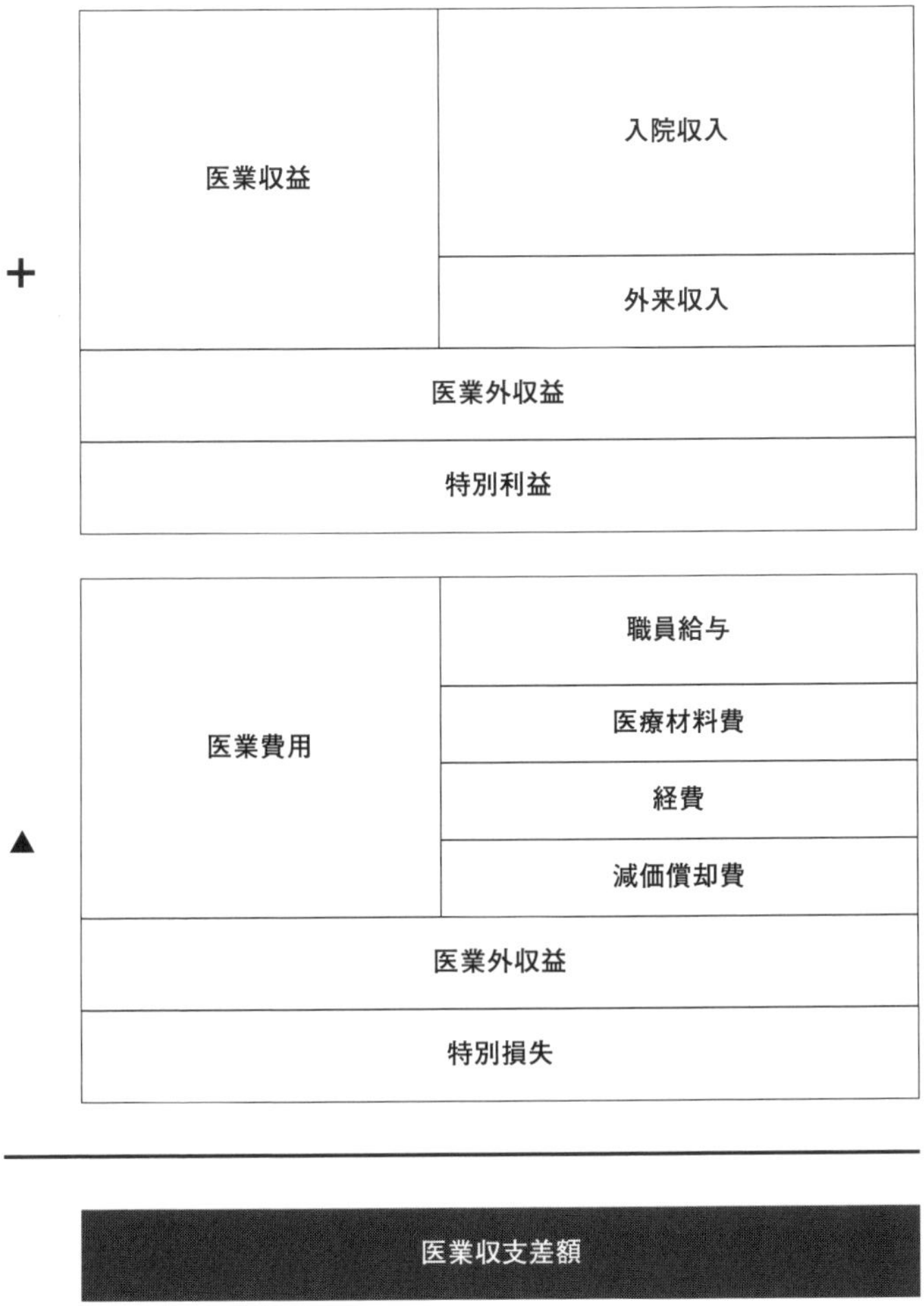

医療機器などの設備費、医療材料費・薬品費だ。それぞれにおける改善の考え方について紹介したい。

・収入の拡大を図る

㋐ＫＰＩとＰＤＣＡを組み立てる

収入拡大戦略の検討時の論点は、医療施設が、健診センター・急性期病院・療養型病院／リハビリ病院・介護施設なのかで異なる。

たとえば、私たちが支援した例では図表３－13のような施策により収益改善を実現している。いずれのケースでも収益改善を進めていくときに、現時点の経営状況を数字やプロセスで可視化し、収益

図表3－13　地域医療ができること

病床・病棟ごとの稼働率分析を通じた病床再編（ケアミックス導入）
紹介・逆紹介データの分析に基づく集患改善
病床稼働率と在院日数のバランスコントロール
地域医療圏におけるリハビリ潜在需要の分析に基づく、リハビリなどの出来高算定部分の点数向上
診療報酬点数の取り漏れ削減
手術室稼働率向上
医薬品同種同効品・後発品への転換促進

改善施策が実際にどの程度、効果があったのかを逐次、確認するとともに適宜、軌道修正を行っていくPDCAを徹底的にまわしている。

まず可視化すべき経営指標としては、たとえば、病棟別収支や診療科別収支などが挙げられるが、診療科同士の横比較にはあまり意味はなく、全国平均やモデル事例との比較、時系列で前年よりも改善したかどうか、という観点で各課の業績を評価する必要がある。

(イ)地域医療との連携を高める

繰り返しになるが、地域内の他医療機関とうまく連携し、ネットワークを構築することで、集客・効率性を高めることは可能だ。すでに述べたように、医療・介護分野は地域性が高いため、全国各地に病院を展開することが業務効率の面で必ずしもプラスには働かない。

むしろ特定地域のなかでクリニック、病院、介護施設、給食サービス施設など、複数の機関が有機的に機能分担し、特定地域において高密度で医療・介護サービスを提供していくほうが効率的である。

そのためには地域医療圏全体で診療科別の患者数をシミュレーションしたうえで、

個々の医療機関や診療科の垣根を超えて、地域全体でのキャパシティ・患者紹介の最適化を図る必要がある。さらに、地域内で連携したネットワークの経営意思決定を機動的・集中的に行うことができる事業モデルを構築できれば、生産性・収益性の改善効果はより大きくなる。

ネットワーク化した複数機関で、配送、現場スタッフの人員配置のやりくりなどを共有することで密度の経済性が享受できるし、医療材料の共同購買、管理間接部門などの人員・コスト共有といったコスト削減も可能になる。

加えて近隣病院で医療設備の重複保有を回避できれば、投資の抑制ができ、財務安定にもつながる。このように単なる連携を超えた地域内医療機関の協調・共有化が進めば、個別の医療機関の取り組みでは到達できない一歩進んだ効率化が、期待できるようになる。

・コスト削減をする

(ア)人件費の削減

〈看護師やコ・メディカルスタッフの人件費〉

稼働状況の管理は最初に手をつけるべきポイントだ。シフト管理の精緻化、正職員・季節／時間勤務パート職員の構成を最適化など、稼働状況をきめ細かく管理していけば、効率化の余地は相応に見えてくるはずだ。

また、看護体制を見直すことで付随する費用の改善ができるケースも多い。たとえば、7対1病床として届け出をしている場合、入院基本料の点数が大きく異なるため収入も大きくなるが、看護体制に比例して増加するコスト（人件費に加えて頭数に応じて発生する寮、労務管理、ロッカールームなどのコスト）により、かえって収益性が悪化している医療法人は意外と多い。

こういったケースでは、看護体制を収益性とオペレーション効率化の観点から最適化するために届出の見直しも検討すべきだ。なお、足下では看護師は供給不足であるため、届出の見直しによる人員数の減少分は、自然減で対応可能なケースが多い。

〈医師の人件費を見直す〉

単価の高い医師の付加価値の低い仕事を減らすことも忘れてはならない。たとえば、コストの高い優秀な外科医を招聘したのであれば、その医師にしかできない手術に専念してもらう体制をつくって手術の腕を上げてもらうほうが労働生産性も高まる。その結果、評判になれば患者数も増えるし、ブランドも高まる。そして、病棟や外来で医師が本来の仕事である診療にフォーカスできるように、資格職が行っている業務のなかから非資格職でもできる書類の記入など業務を抽出し、より人件費単価の安い人材へ担当替えを行う。そうすることが、コスト削減に加えて、医師の労働環境の向上にもつながる。

(イ)設備費の抑制する

病床・医療機器が過剰という病院は思いのほか多い。過剰な設備投資による借入金の増加や弱い財務基盤となっている病院も存在する。既存設備に関しては現状の稼働の状況の把握と稼働の向上に向けた打ち手の検討をすること、新規設備については、その投資効果を見極めることが肝要だ。

(ウ)医療材料費の削減する

アウトカム管理(治療、検査、ケア、処置、指導などで、その実施内容や順序を入力し

図表3−14　経営の「取りうる戦略」の方向性

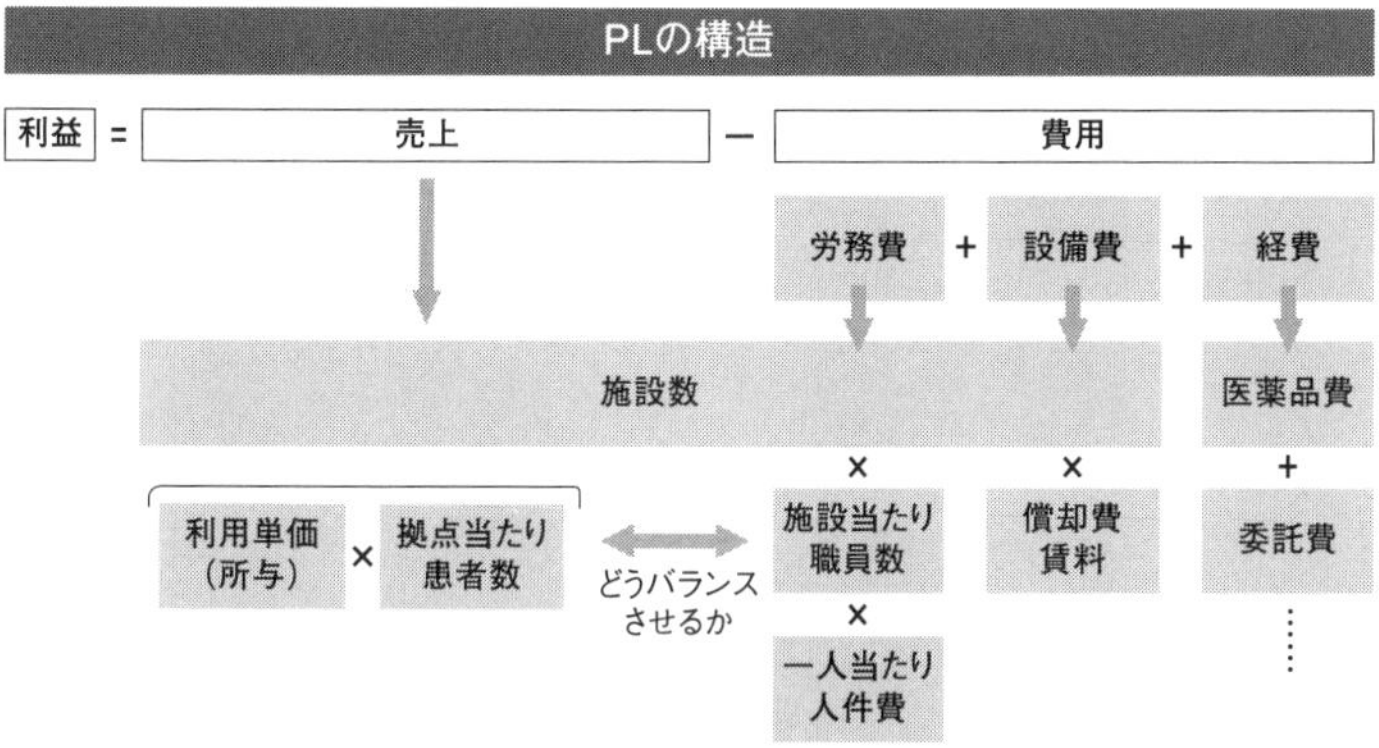

取りうる方向性

売上

・診療科（サービスライン）の見直しによる単価水準改善もありうるが、単価は基本的に所与
・そうしたなかで既存患者のリピートや商圏内での連携～患者の新規獲得が基本路線

労務費

・看護師やコメディカルスタッフの適切はシフト配置→稼働の向上→人件費の抑制
・優秀な医師の確保と、付加価値が低い業務の削減（生産性の向上）

設備費

・日本全体で見れば病床・医療機器が過剰という現状。医療スタッフあっての設備であることから、自院の機能領域・強化領域は見極めが必要

医療材料費

・最適なアウトカム管理、クリニカルパス設計など数値データで実態の把握
・複数医師の間で治療プロセスの差異を解消したうえで、統一と標準化

たスケジュール表のこと）や設計など数値データで実態をとらえたうえで、ＰＤＣＡをきちんとまわしていけるかどうかも重要な要素だ。

出身大学の流儀などによる複数医師の間で治療プロセスの差異を解消し、統一・標準化できれば医療材料費（使用薬剤、使用量など）の低減にも寄与できる。ただし、医師は従来のやり方を変えることに抵抗を示す場合が多いので、比較的時間を有することに留意が必要であろう。

Chapter 4

生産性を上げるために日本がすべきこと

目の前のチャンスを味方につけよう

東西に巨大な消費市場がある「恵まれた国、日本」

グローバル競争が当たり前になったいま、日本経済の停滞はますます深刻度を増しているが、一方でこの状況をチャンスととらえることも可能だ。

なぜか。そのチャンスを活かす絶対条件が本書で取り上げてきた「生産性」であるというのは言うまでもないが、ここではチャンスである理由を二つの観点から説明したい。一つは地政学的に見た日本の立場、もう一つは日本の人口動態である。

幸いにして地政学的な観点から言えば、日本の東西には巨大な消費市場が存在している。一つは中国と東南アジア市場。そしてもう一つはアメリカ市場である。特に西側の市場は相当、伸びしろの大きな市場だ。まだまだ貧富の差が激しい中国では、大量生産大量消費型、すなわちローコスト型の消費が多い一方で、富裕層を中心に「よいもの」であれば金に糸目をつけない層も数存在している。しかも、日本の総人口並みの巨大な数だ。いまのところは、「爆買い」に代表される観光などがその象徴的な例であるが、日本はそうした富裕層に対して、これからはどういう商品・サービスを提供できるかを真剣に考えなければばならない。

富裕層は大量生産されるローコストな商品・サービスに対して興味を持たない。安価な労働力で付加価値の低いものをつくっても需要がないということだ。こうした状況においては、これまでの日本の製造業のように、国内で何万、何十万、何百万個を生産するという発想はナンセンスである。

そもそも賃金の高い日本国内で生産、あるいはサービスを提供するなら、付加価値の高いものでなければ、賃金の低い地域でつくられた製品に太刀打ちできない。

よく人手不足にあえいでいる国内製造業やサービス業を救うために、低賃金の移民を受け入れようという議論が行われるが、それこそ本末転倒であろう。移民に頼る企業というのは往往にして現場の賃金が低い。付加価値が提供できていないから、いつまで経っても賃金が上がらないと言えるからである。

冷たい言い方かもしれないが、そうした企業は早く市場から退出しなければならない。そうでなければ、永遠に付加価値をつける活動もできなければ、賃金が上がることもないだろう。低賃金目当てで移民に賛成する人たちは名目GDPがいくら大きくても、国は豊かにならないという前提を忘れてしまっている。国民が豊かさを実感するのは、一人当たりGDPや一人当たりの購買力が上がるときであり、ただ単に国内の生産量が増しただけでは、いつまでも「豊かさ」を享受することはできない。

人手不足時代こそ追求したい「競争優位性」

幸い現在は人手不足の時代である。これが二つめの観点だ。端的に言えば、「人余り」から「人不足」というパラダイムシフトが起こった。もし、人手不足が理由で、日本で製品を製造できないなら、無理して海外から労働者を受け入れるのではなく、海外で製造すればよいだけのことである。むしろ、人手が足りないからと言って移民を受け入れたら、賃金上昇圧力が働かなくなる可能性すらある。

いま、議論されているレベルの移民受け入れでは、実際には人手不足に対しても焼け石に水であり、賃金水準にはあまり影響を与えないだろう。しかし、問題なのは賃金上昇圧力が、より働かなくなることだ。今後も安い労働力が確保できるとなれば、特にローカル企業は生産性を上げる必要がなくなる。付加価値をつけないでも、何とかゾンビ企業（政府、銀行などから支援を受けながら生きている企業）として生き残れるからである。

ではなぜ、いままで「日本国内で製造するのは、日本ならではの付加価値が見出せるものだけ。それ以外は海外でつくる」という至極真っ当な議論が大手を振ってできなかったのか。

その背景には、日本が人余りの国だったという事実がある。

これまでこういった議論をすることが、せっかく製造業で吸収した雇用を吐き出す、すなわち膨大な数の人が職を失うという事態につながりかねないという懸念があった。つまり、サービス業と比べると生産性が高く、賃金も高かった製造業が雇用を生んでいるという状態を長期的に維持していた。それによって個々の企業は生産性を上げるために「選択」と「捨象」をすることが、はばかられていたのである。

高度経済成長の波にのって大量生産を追求し、生産性も比較的高かった製造業は気がついたら組織が膨れ上がっていた。製造業に従事する10万人を食わせるには、選択と捨象ができない。明らかに人件費が安い地域があっても工場を移転することは、はばかられる。新しい仕組みや技術を導入することで生産性を上げると、人をカットする必要が生じるので躊躇する。あるいは、競争優位性が下がった分野を切り捨て、これから伸びる分野に投資するにも、既存の人材の処遇に困る。そうこうしているうちに、中国、韓国、台湾が安価な労働力を武器に数十万人規模の工場をつくって日本が得意とした分野に進出しはじめ、完全にキャッチアップされてしまったというのが、これまでの経過であろう。

しかし、パラダイムシフトが起こり人手不足となった現在、何もはばかる必要はない。さきほど述べたように東西に巨大市場が存在し、とくに14億人弱の人口を有する中国の購買力は、個人レベルでも総和としての国全体のレベルでも劇的に増加している。アメリカでもまだまだ購買力はあるし、人口も日本よりはるかに多く一人当たりのGDPも高い。日本が競争力を復活させる処方箋は単純で、ひたすら競争優位があるものづくりに集中するということだろう。

たとえば、自動車で言えば、安い車をつくってはダメだということだ。海外の自動車メーカーも、最上級車種のポルシェやベンツ、フェラーリなどはそれぞれ国内でつくるのが当たり前で、「made in Germany」「made in Italy」だからみんなが購入する。それならば日本も、「made in Japan」だから購入してもらえるものをつくればいい。

もちろん、仮に日本が10億人の人口を抱えていたら、そういう戦略はとれない。しかし、東西に巨大なマーケットがあるなら小国であることの利点をむしろ活かし、日本は日本にしかできないものづくりをすればいい。

「日本の産業」を定義づけする

こうした当たり前の議論を妨げる要因の一つに、「日本の経済」「日本の産業」という言葉が定義されないまま使われていることがある。

たとえば、日本の産業と言ったときに、それは日本にロケーションしている産業のことなのか、日本企業のことなのか、あいまいになっているケースが多い。

グローバル製造業であれば日本国内にこだわることなく、それぞれの国、地域における立地の比較優位をどう最大化するかというのが、勝ち残るために必須の考え方だ。ある機能、ある生産拠点は日本においたほうがいいし、別のある機能は中国がいいかもしれないし、北米、あるいはメキシコがいいかもしれない、というように——。

当然、地域によって、ものづくりという機能に対して、得意な地域とそうでない地域がある。高度な技術が必要であれば、「日本でなければできない」「ドイツでなければできない」というように場所によって、比較優位の違いが出てくるため、最大化できる場所を選ばなければならない。逆に、単純な組み立てなら、どこでやっても同じになる。その場合、競争優位を決めるのはコストであり、労働力の安価な地域が生産拠点として選ばれることになる。

つまり、日本の国内に製造業をいままでの規模で残し続ける意味はまったくないということだ。「生産性」という観点からすれば、日本で歯をくいしばって涙を流しながら低賃金で頑張っているのに、じつは経済成長には貢献していないという不都合な状況を変えなければ、日本の産業に未来はない。

世界の大半の地域は日本に比べ、賃金が安い。1人あたりGDPで言えば、中国でさえまだまだ日本の3分の1。つまり、日本国内で勝負するなら生産性、付加価値を上げる以外に方法はないということだろう。

結局、製造業の競争力は付加価値競争力以外のなにものでもなく、日本ならではは付加価値を見出せる活動でなければ意味がない。そうした前提条件を知ったうえで、日本という立地はどういう特徴を持っているか、生産性を上げるために何をつくればよいのかを考える必要がある。

生産年齢人口が減っても「全要素生産性」は上げられる

付加価値を上げる、すなわち生産性を上げるために日本が何をすべきかを経済学的観点からもざっと説明しておきたい。

端的に言えば、経済（ＧＤＰ）成長率を支える要素が「生産性」である。正確には、「労働分配率×労働生産性成長率＋資本分配率×資本生産性成長率＋全要素生産性（ＴＦＰ）成長率」がＧＤＰ成長率である。これを単純化すると、図表４－１のようになる。経済成長率は「労働投入量、資本投下量、全要素生産性」の和である。

具体的には「労働投入量の成長率」が、生産労働人口が増えているか、減っているかということを示す。次の「資本投下量の成長率」は、いわゆる設備投資額のことを指す。そして、このどちらでも説明できないＧＤＰの成長要素が「全要素生産性」（たとえば、イノベ

図表4−1　経済成長率とは？

経済(GDP)成長率 ＝ 労働投入量成長率 ＋ 資本投下量成長率 ＋ 全要素生産性(TFP)成長率

ーション・技術革新・業務効率化・規制緩和・ブランド価値など）ということになる。

つまり、ＧＤＰ成長率を上げるには、「労働投入量を増やすか、設備投資を増やすか、全要素生産性を向上させるかの三つしか選択肢はない。生産労働人口が減少している日本において、一つめの労働投入量の増加は見込めないのは明らかだ。二つめの設備投資は、諸外国に比べれば高い水準を維持しており、わずかながら日本のＧＤＰ成長に寄与している。それでもなお経済成長率が低迷している日本は、三つめの全要素生産性が諸外国と比べ、突出して低いこと、この全要素生産性を向上させることが、ＧＤＰ成長率を向上させるには不可欠なのだ（図表４−２）。

では、全要素生産性、すなわち労働人口と資本投下の増加によらない生産性向上とはどのようなものか。簡単に言えば、一人あたりの労働者がどれだけ付加価値を上げることができるかということである。たとえば、作業を効率化することで、いままで10個しかつくれなかったものを20個つくれるようになったり、美容師が一時間に３人の髪の毛を切っていたのが５人切れるようになったというような「労働生産性」の向上のことを指している。

図表4−2　労働生産性・資本生産性・全要素生産性の国際比較

GDP低迷の主要因は、労働投入量の減少と、TFPが低水準のままであること

労働投入量[※1]
の推移

(2000年=100
とした際の指数)

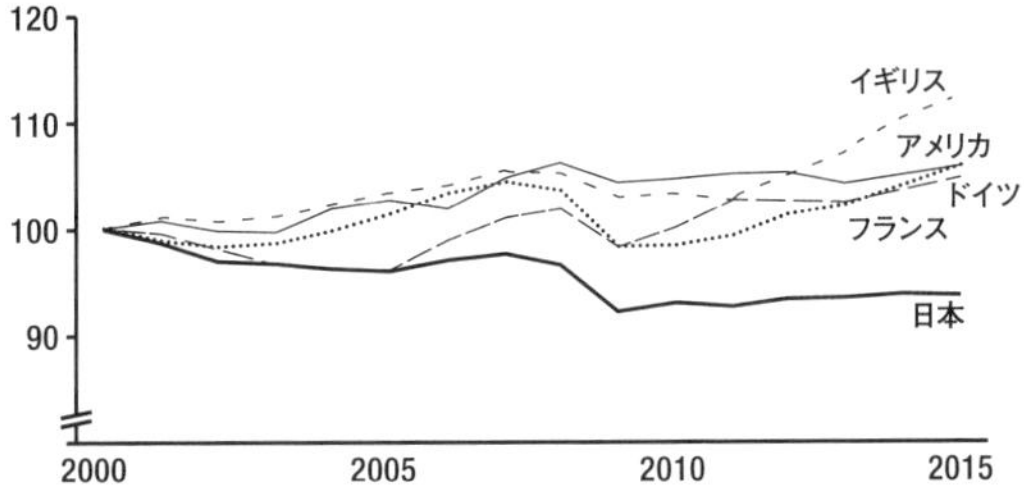

設備投資量[※2]
の推移

(%)

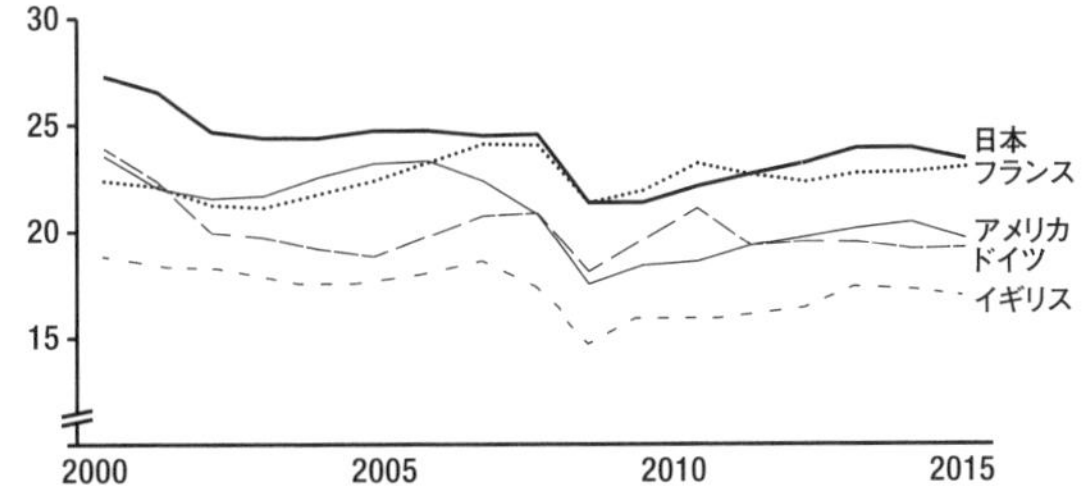

全要素生産性
(TFP)の推移

(米国=100
とした際の指数)

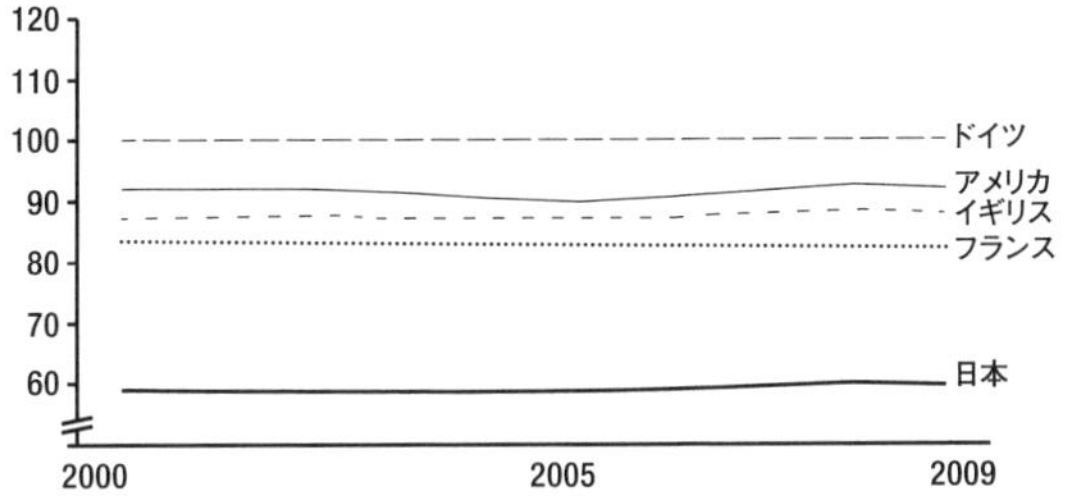

※1 労働投入量=就労者の年平均実労働時間×就労者数
※2 設備投資量=設備投資額÷GDP

出所:OECD National Accounts Database, OECD Employment and Labour Market Statistics, IMF World Economic Outlook
経済産業省「2012年経済産業白書」をもとにIGPI作成

「個の力」が生み出す付加価値が武器になる時代へ

働き方改革や人生100年時代というフレーズにのせて労働生産性だけでなく、副業やセカンドキャリア、サードキャリアについての議論が盛んになっている。

ただ、考えてみてほしいのだが、そもそも終身雇用というのは大都市の上場企業で働く人たち、たとえば、大企業のオフィスが並ぶ東京の丸の内界隈で過ごす人たちに限った話である。日本の労働者は以前から流動的だった。

では、何がいままでと違うのかと言えば、これまでは企業が一方的に雇用を減らす立場だった。それが人手不足の時代になったことで、労働者のほうから退職願いを持ってくるようになり、にわかに慌てているというのが現状である。

旅館などの宿泊業界、飲食業界、介護業界、医療業界など、ほぼすべてサービス業の現場の人材は、以前から流動的だったのだから、中小企業の経営者やマネジャーからすると、何をいまさらという気分だろう。

繰り返しになるが、高学歴エリートたちの世界で、幸か不幸か新卒一括採用、終身雇用、年功序列という慣習が存在していただけであり、ここにきてようやく国も大企業も「この体制を維持するのには無理がある」ことに気づき、改革がはじまってきている。そして、その改革の遅さ、エリートたちの流動性の欠如が、生産性の上昇を妨げてきたという側面がある。

そもそも現在においては、付加価値を生む仕組みを創造するトップエリート・クリエイティブたちは、個人戦をやっている。外から見たときにチームに見えていたとして、実は個人戦をチームでやっているに過ぎない。高度経済成長時代のように品質管理の「ＴＱＣ活動」を全社でやって生産性を改善する時代は終わり、個人の能力がパフォーマンスに影響を与える時代になった。そうしたときにトップ層に求められるのは、本当のプロフェッショナルスキルなのだが、日本のエリートたちは古き良き時代の新卒一括採用、終身雇用、年功序列という世界観にどっぷり浸かって、生産性を上げる努力をなおざりにした。その結果、世界で勝てなくなってしまった。価値の源泉がもはやないのに、集団戦のゲームをやり続けている。

これからのエリートは、「漫然と私はスポーツができます」というのでは務まらない。いままではぼんやりと「集団でスポーツをやっています」という人でも生き残れたが、もはや特定の分野のプロフェッショナルでなければ通用しなくなっている。そこには「マネジメント」も含まれる。

スイスの時計メーカーは、シチズンやセイコーによるクオーツ式が出てきたときに、「これはダメだ。たくさんつくるのでは生き残れない。そこに価値の源泉はない」と判断し、職人が自分の名前を刻んで売るような機械式の時計に戻った。

エリートも同じで付加価値が個の力で生み出されるようになったいま、プロフェッショナル型でなければ意味がない。しかし、エリートたちの会社はなかなか潰れない。極端だが、潰れれば生産性の高い分野に移動してその才能を活かして、一花咲かせることも可能になるのだが、そうではないところに私は日本の危機を感じている。

「生産性の低さ」は経営の問題、「ＧＡＦＡ」は脅威ではない

このように考えていくと、人材の流動性の欠如は単なる結果論であって、根本にあるのは経営の問題、経営者不在、経営人材不足の問題だと言いたくなってくる。

パラダイムシフトが起こったにもかかわらず、日本の経営者層は自社がどのような状況

に置かれているか、自らを鏡に映して凝視し、再定義するのを恐れている。だましだまし会社経営をして本当に潰れる瞬間にだけ、不都合な真実を見て去っていく。

なかには、覚悟を決めて改革をしようとする人間もいるが、会長や顧問、はては現場のミドルから「ちょっと待ってくれ」と、その企業を支えてきた保守本流の人たちから「待った」がかかる。それでも断行するには相当の胆力がなければできない。オーナー社長であれば、えいやっと実行できるかもしれない。しかし、サラリーマン社長の場合、一歩間違えてしまえば、失脚しかねないため二の足を踏むことになる。ガバナンス不在の日本企業の村社会の反発に耐えかねて、志半ばで改革を撤回する例を挙げればきりがないだろう。

この改革が一向に進まない原因は、「固定費の大きさ」にもある。大きな組織になればなるほど固定費がかかっている。たとえば、10％の固定費を抑えるときに、100人のリストラですむなら、「申し訳ない」と謝って次の職場を探せばいい。ただ、売上規模が何兆円にもなる大企業の場合は、1万人単位の整理が必要になる。これは、お金も時間もかかることを意味している。

そうやって躊躇しているうちに、「これはまずい、氷山にぶつかる」と気がついて一生懸命、舵を切るのだが、大きな会社だとなかなか方向転換できない。ぶつかった途端、たとえその時点で1兆円、2兆円と儲かっていようが、その瞬間からとてつもない勢いで転落がはじまる。かつてのIBM、東芝で起こったことがそれだった。

そして、現在のように大して生産性も上がっていないのに、なんとなく景気がいいという状況が一番危ない。こういうときに危機感を訴えておかないと、数年後、急に氷山にぶつかると騒ぎはじめることになる。

ただし、いま流行の「GAFA」（グーグル、アップル、フェイスブック、アマゾン）にすべて駆逐され、あらゆる業界がダメになるという危機感の煽り方はピントがずれている。むしろGAFAの隆盛は、日本にとっては潜在的な競争力を活かしやすい環境が整ってきたと理解するのが正解だろう。

GAFAは、私たちの生活を潤す電気やガスなどのような公共サービス、インフラだと思えばいい。つまり、私たちが日々、電気やガスを自由に使っているのと同じ感覚で使えばいいのだ。どういうことなのかと言えば、マーケティングや広告に力を入れる際、かつてなら地上波のテレビに広告を出したり、新聞に広告を載せるにはかなりの資金が必要だったが、いまならネットの世界を駆使することで、より安価によりスピーディに宣伝できるようになっている。費用対効果を考えれば、一時代前に比べ、格段に向上している。

また、グーグルの自動運転技術、アマゾンのリアル店舗進出に対して過剰に恐れる必要もない。彼らは自分の比較優位をよく理解していて、わざわざ自動車をつくる工場を建設したり、全国にリアル店舗をつくったりしないだろう。そうではなく、自らはテクノロジー部分の比較優位に集中し、地域のローカルオペレーターに技術を提供するという選択をするに違いない。地域に拠点を築き、エンジニアを雇って、オペレーターも雇用してというのでは、生産性が下がってしまうからだ。

実際、アマゾンは「アマゾンウェブサービス『AWS』のAIを使ってください。プラットフォームを使ってください」と呼びかけているわけで、労働集約的なオペレーションに本格的に進出することはいまのところないだろう。

アマゾンはデリバリーの部分には進出しているが、「eコマース（インターネット、コンピュータと電子的な手段を通して行う商取引）×工場の無人化」によって、競争優位を築けるからやっているにすぎない。そして、アマゾンのeコマースのシェア率は小売全体のせいぜい5%程度。アマゾンもローカルなリアル店舗には、自社にはない優位性があることをよく理解しているはずだ。

つまり、いたずらに恐怖を感じるのではなく、日本企業は、よくよく鏡に自分の姿を映し出して、眺めて分析すればいい。そして自分たちの組織能力の比較優位、事業の競争優位性をしっかりと理解し、どこで比較優位を生み出すかを検証、実行する。自動車メーカーであろうと、電機メーカーであろうと、新しい技術が生まれたときには、自分たちが持っている成功パターンの中で考えていた競争優位とのズレが生じていないか、常に見直さなければいけない。それができれば、ＧＡＦＡをうまく利用できるだろうし、できなければ飲み込まれておしまいとなる。

要は、いま、経営に必要なのは、デジタル技術の「借り物競走」をいかに上手にやるかということ。大企業だけでなく、中小企業にとってもクラウド上のサービスは簡単に導入できる時代になっていて、マネジメントイノベーションを起こすには、もってこいの状況となっている。

これは、「フルスペック経営」から「比較優位＋借り物経営」になっていることを意味している。実際、アマゾンやアップルもそうやって勝ち残っている。もともと自社テクノロジーが優れていたのではなく、借り物競走をやってきたのだ。人とエコシステム、そういうものを上手に使い倒す能力であるマネジメントや経営が優れているからこそ、今日のＧＡＦＡがあると言えよう。

つまり、経営資源を借りることができる時代に、経営者がすべきことは、どういう戦略モデルを築くか、自社の優位性をどこで発揮するかをデザインすることと言える。自分たちのコアコンピタンス（競合他社に真似できない核）となる能力はどこにあって、それを発揮するにはどういう資源が必要で、どこから借りてくるか、その一連のプロセスがきちんとできれば、誰にでもチャンスはある。それができるかできないかで、組織の盛衰が決まってしまうということだ。

残念ながらいまの平均的な経営者は言い訳が多すぎる。「ＡＩの技術者が足りません」「リソースがないからできません」と言うのではなく、「いや、待てよ、誰かにやらせればいい。賢い人を使えばいい」と、借り物競走に参戦するマインドを身につけなければいけない。

そして、一部の流動性が欠如したエリートたちを除き、タレンティッドヒューマンリソース（高い能力を持っている人のなかで、特に芸術面で才能を発揮する人）である優秀な人材は、大企業へのこだわりが希薄化し、やりがいがあれば、プロジェクト型の働き方でも何でも、がんがん働くようになっている。経営者がすべきことは、彼らが「おもしろい」と思えるテーマやビジョンを掲げ、椅子を用意することである。それができれば、喜んで働く人材がいるいまの時代は、すべての日本企業にとってチャンス以外のなにものでもない。

監修

経営共創基盤 Industrial Growth Platform, Inc.（IGPI）

長期的・持続的な企業価値・事業価値の向上を目的とした「常駐協業（ハンズオン）型成長支援」、創業段階の支援あるいは再生支援など、企業や事業のさまざまな発展段階における経営支援を実施するプロフェッショナルファームとして2007年設立。事業戦略、M＆A戦略に関するアドバイザリーにとどまらず、自己投資による資金面からの企業価値向上など、クライアントニーズに応じたオーダーメイド型の支援を行う。製造業に特化した専門組織として、ものづくり戦略カンパニーを有する。主な連結子会社として、交通・観光事業を展開するみちのりホールディングス、海外拠点であるIGPI上海、IGPIシンガポールなどがある。

統括&執筆者プロフィール

木村尚敬（きむら なおのり）——全体統括・Chapter1担当

パートナー 取締役マネージングディレクター
ベンチャー企業経営の後、日本NCR、タワーズペリン、ADLにおいて事業戦略策定や経営管理体制の構築などの案件に従事。IGPI参画後は、製造業を中心に全社経営改革、事業強化など、さまざまなステージにおける戦略策定と実行支援を推進。IGPI上海董事長兼総経理、モルテン社外取締役、サンデンホールディングス社外取締役。慶應義塾大学経済学部卒、レスター大学修士（MBA）、ランカスター大学修士（MS in Finance）、ハーバードビジネススクール（AMP）。

沼田俊介（ぬまた しゅんすけ）——Chapter2（統括）担当

パートナー 取締役マネージングディレクター・ものづくり戦略カンパニー長
外資系コンサルティングファームおよび国内独立系ファームにて大手半導体、ガラスメーカー、化学メーカーなどグローバル製造業の業務改革構想立案と実行をサポート。事業戦略やIT戦略の立案から業務標準化、プロセス改善の実行までのハンズオン支援を実施。また、多くの製造業にて全社的なERP導入を指揮。IGPI参画後は各種製造業の短期的な収益性改善、ものづくり改革による中長期的な競争力強化、また、海外展開における戦略策定とその実行支援を統括。ケースウェスタンリザーブ大学経営学修士（MBA）。

平山喬之（ひらやま たかゆき）

IGPIものづくり戦略カンパニー マネージングディレクター
前職のSierにてPDM、CADの導入支援、自動車、建設機械の開発設計支援に従事。IGPI参画後は、自動車業界や機械メーカーを中心に、主に技術戦略の策定からその実行（標準化・モジュール化、グローバル設計標準整備、設計改革、ライフサイクルコストマネジメントなど）に従事。戦略、組織、財務的な観点を踏まえ、エンジニアリングチェーンとサプライチェーンを有機的に繋ぎ、競争優位が発揮出来るケイパビリティ強化を得意とする。

古澤利成（ふるさわ としなり）

IGPIものづくり戦略カンパニー マネージングディレクター
SIer、大手コンサルティングファームにて、製造業に対するERPグローバル展開構想策定～導入、海外工場立上の構想策定、グローバルサプライチェーン改革などSCMに関連する改革支援に従事。IGPI参画後は、各種製造業に対し事業戦略策定～実行支援、全社組織改革、経営マネジメント改革、技術戦略策定、コスト競争力強化など、製造業の競争力を高める様々な改革を推進。
早稲田大学教育学部卒、東京大学大学院理学系研究科修了

浜村伸二（はまむら しんじ）―――Chapter3（統括）担当

パートナー 取締役マネージングディレクター
外資系コンサルティングファームを経て、産業再生機構にて、製造業を中心に事業再生計画の策定から経営支援業務に従事。IGPI参画後は、製造業、情報通信業、サービス業、小売・卸売業、外食業等の事業再生計画の策定~ハンズオンでの実行支援、M&Aアドバイザリー、投資業務などに従事。地方創生カレッジプラットフォームWG委員。早稲田大学教育学部卒。

梅原美樹（うめはら みき）

ディレクター
日本アイ・ビー・エム株式会社にてSI、コンサルティングに従事した後、同社本社部門において、IBM・PWCC合弁に伴うPMI、BPR、組織改革、子会社新設・売却、資本・業務提携等を担当。IGPI参画後は中期経営計画立案、会社戦略立案、新規事業開発、ハンズオン支援等に携わる。ヴィア・ホールディングス社外取締役。東京女子大学文理学部卒。

加藤達也（かとう たつや）

ディレクター
三井物産にて人事採用業務、電子材料の海外営業を経験したあと、イギリスでの修学・現地企業勤務を経て、イギリス・オーストラリア・インドネシアでの電力事業開発、プロジェクトファイナンス組成、買収・売却、PMI、事業経営支援に従事。IGPI参画後は、大手製造業のクロスボーダーM&Aおよび事業再生、大手総合商社の事業戦略策定・M&A・PMI支援、老舗製造業の事業再生などにおけるアドバイザー・コンサルティング業務などに携わる。東北大学工学部卒、オックスフォード大学外交官養成コース、ロンドンビジネススクールコーポレートファイナンスコース修了。

冨山和彦（とやま かずひこ）―――監修・Chapter4担当

パートナー 代表取締役 CEO
BCG、CDI代表取締役を経て、産業再生機構COOに就任。機構解散後、IGPIを設立し、現在に至る。パナソニック社外取締役、東京電力ホールディングス社外取締役、経済同友会政策審議会委員長。財務省財政制度等審議会委員、財政投融資に関する基本問題検討会委員、内閣府税制調査会特別委員、内閣官房まち・ひと・しごと創生会議有識者、内閣府総合科学技術・イノベーション会議基本計画専門調査会委員、金融庁スチュワードシップ・コード、コーポレートガバナンス・コードのフォローアップ会議委員、経済産業省産業構造審議会新産業構造部会委員ほか。東京大学法学部卒、スタンフォード大学経営学修士（MBA）、司法試験合格。

「競争力×稼ぐ力」を強くする生産性革命
日本企業が「グローバル」「ローカル」で勝つために大切なこと

2019年5月31日　初版第1刷発行

著　者　冨山和彦・木村尚敬・沼田俊介・浜村伸二
発行者　髙松克弘
発行所　生産性出版

〒102-8643　東京都千代田区平河町2-13-12
日本生産性本部
電話03(3511)4034
https//www.jpc-net.jp

印刷・製本　シナノパブリッシングプレス
装丁・本文デザイン　茂呂田剛（有限会社エムアンドケイ）
図版デザイン　長澤貴之（株式会社東京プライズエージェンシー）
編集協力　池口祥司
編集担当　村上直子

乱丁・落丁は生産性出版までお送りください。お取り替えいたします。
ISBN 978-4-8201-2093-3　C2034
Printed in Japan